Le petit livre de

Le français correct

GW00706181

Jean-Joseph Julaud

Le petit livre de

Le français correct

Édition 2005

FIRST
Editions

ISBN 2-75400-069-0

Dépôt légal : 2ᵉ trimestre 2005
Imprimé en Italie
Conception couverture : Bleu T
Illustration de couverture : Gabs
Mise en page : KN Conception

Nous nous efforçons de publier des ouvrages qui correspondent à vos attentes et votre satisfaction est pour nous une priorité. Alors, n'hésitez pas à nous faire part de vos commentaires :

Editions First
2 ter, rue des Chantiers
75005 Paris – France
Tél. : 01 45 49 60 00
Fax : 01 45 49 60 01
E-mail : firstinfo@efirst.com

En avant-première, nos prochaines parutions, des résumés de tous les ouvrages du catalogue. Dialoguez en toute liberté avec nos auteurs et nos éditeurs. Tout cela et bien plus sur Internet à : www.efirst.com

Sommaire

La ponctuation

Exécution !

Un matin, au siècle dernier, le directeur d'une prison reçoit le message suivant :

« Recours en grâce abandon exécution condamné à réception ». Il le lit, il le relit, tente de comprendre ce qu'on lui demande, tourne en rond. Que faire ? Faut-il abandonner l'exécution du condamné ? Faut-il procéder sans délai à l'exécution prévue par le jugement ?

Une idée étrange traverse son esprit, une fraction de seconde : et s'il allait en parler au condamné lui-même… Non !

La solution ? Il n'y en a pas. Il y en avait une lorsque le message a été rédigé, et cette solution s'appelait la ponctuation !

Ainsi, le rédacteur eût pu écrire, pour la pire des solutions :

« Recours en grâce : abandon. Exécution condamné, à réception. »

Et pour la meilleure des issues : « Recours en grâce : abandon exécution condamné, à réception. »
Un point, c'est tout !

Le chaos

Le point. La virgule, le point-virgule ; les deux points : les points de suspension… Le point d'exclamation ! Le point d'interrogation ? (les parenthèses) – les tirets – « Les guillemets » [les crochets]. Quiconque projette un voyage dans la page blanche – devenant ainsi pilote de lignes… – doit maîtriser sans hésitation tous ces signaux qui vont rythmer le parcours ; sinon la trajectoire de la phrase devient folle, emprunte les sens interdits, fait marche arrière, s'encastre dans la précédente, bref, c'est le chaos !

Lire pour écrire

Pour se mettre ou se remettre en sympathie avec la ponctuation, il faut d'abord penser – avant de l'écrire – à la lire. En effet, la lecture précise du point, de la virgule, des deux points, etc., permet de prendre conscience de l'utilité et du sens de chaque signe.

Cette lecture de la ponctuation gagne à être effectuée à voix haute, sans hâte. Choisissez un texte simple dans un journal, par exemple ; évitez certains romans récents dont les auteurs prennent beaucoup de libertés avec les codes, à des fins artistiques – semble-t-il… Isolez-vous, ou bien demandez un auditeur qui vous jugera : votre conjoint(e), votre ami(e), votre chien(ne) ou votre scalaire dans son aquarium. Êtes-vous prêt ? Oui ? On y va…

COMMENT LIRE LES SIGNES DE PONCTUATION ?

Lire le point

Au début de la phrase, on élève légèrement le ton, on la fait décoller, elle plane, semble chercher son terrain d'atterrissage. Quel est-il ? C'est le point. Faites-la descendre dès que vous le rencontrez, posez-la. Stop ! Laissez à ceux qui vous écoutent ou à vous-même le temps de l'identifier, de la comprendre, de juger de la qualité de son vol.

Lire la virgule

Vous venez de changer de phrase. Même procédure : faites-la décoller avec souplesse, laissez-la planer. Tiens, voici une virgule ! Cabrez légèrement le ton, faites-lui prendre un peu d'altitude, interrompez-vous un court instant, comme en suspens ; profitez-en pour reprendre votre souffle, discrètement ; puis continuez la lecture, un demi-ton au-dessous, afin de pouvoir grimper encore ; faites léviter votre phrase, faites-la chanter, soulevez-la un peu plus haut à chaque virgule rencontrée, ne baissez jamais le ton avant le point qui est le terrain d'atterrissage, sinon vous posez votre phrase n'importe où, en plein champ – vous la brisez –, dans un lac – vous la noyez –, dans une forêt – vous l'incendiez !

Lire le point-virgule

Est-ce un point ? Est-ce une virgule ? Ce n'est ni l'un ni l'autre. Le point-virgule est un signe à part entière, indispensable dans la phrase – on en trouve des milliers sous la plume de ceux qu'on appelle les « grands auteurs ». Il permet de fractionner la pensée, l'idée, les images contenues dans une phrase, tout en préservant leur unité. Sa lecture requiert de la finesse, de l'adresse afin de faire entendre que l'idée n'est pas terminée, mais marque une pause. On peut donc adopter une lecture qui se rapprochera de celle du point ou de la virgule, en fonction du sens.

Lire les deux points

Les deux points annoncent une explication, une énumération. Ils doivent être lus non pas comme un point puisque la phrase n'est pas terminée, mais comme une virgule, en ajoutant le petit dièse, le petit plus qui va faire dresser l'oreille.

Lire les points de suspension

Il faut du talent pour rendre à l'oral les points de suspension, mais avec un peu d'entraînement on peut simuler ce qui est compris à l'écrit : la réticence à en dire davantage, par prudence ou pudeur ; le début d'une énumération ; un sous-entendu malin, perfide ou humoristique ; ou bien d'autres nuances qui rehaussent le discours comme peut le faire, dans certains tableaux des Le Nain, une touche de rouge (il ne vous reste plus qu'à aller vérifier, au Louvre…).

Lire le point d'exclamation

Il vous suffit de vous exclamer, c'est tout, pas trop fort cependant… Mais si vous rencontrez trois points d'exclamation, refusez de les lire, abandonnez le texte, faites autre chose : allez à la pêche, faites une tarte aux pommes, ou mangez-en une, mais ne vous soumettez pas à cette aberration de l'écriture des mitrailleurs de l'inutile. Trois points d'exclamation ! Et puis quoi encore ? Pourquoi pas quatre ou vingt-cinq ? Un seul point d'exclamation suffit ! Si on veut en ajouter dans l'exclamation, c'est aux mots qu'il faut avoir recours et non à une espèce de bégaiement radoteur où s'affiche l'impuissance à formuler la pensée ! Non mais !

Lire le point d'interrogation

Faites monter le ton, allez vers les aigus, donnez à votre phrase l'allure d'une figure de voltige aérienne lorsque l'avion demeure suspendu en l'air, comme pris dans une toile invisible et qu'il se débat à petits coups d'aile, pathétique… Tombera, tombera pas ? La réponse ne tarde pas, en général…

Lire les parenthèses

Pour faire sentir la présence d'une parenthèse, il suffit de baisser le ton, comme si un intrus venait d'entrer, comme si vous faisiez une confidence, comme si, en aparté, vous révéliez un détail qui n'a pas l'air important, mais pourrait n'avoir pas dit son dernier mot ! La parenthèse peut aussi être lue plus rapidement – toujours en baissant légèrement le ton –, parce que ce qu'elle contient est secondaire, énumératif, parce qu'elle illustre le propos de façon accessoire ; on passe sans s'attarder.

Lire les tirets

Ce qui est entre des tirets doit être lu avec une attention particulière. Le propos qu'ils délimitent est rarement accessoire ou secondaire. Il est mis en valeur, ou bien on le situe ainsi dans un registre différent de celui de la phrase entière, et ce changement de registre doit être perçu à l'oral. Alors que, pour la parenthèse, on peut baisser le ton, pour les tirets on doit changer de ton sans forcément le baisser, parfois même, on l'accentue. Là encore, le sens commande, et le bon sens du pilote de lignes fait le reste.

ÉCRIRE LA PONCTUATION

Vous ne pouvez pas commencer à lire cette partie si vous n'avez pas effectué un minimum d'exercices de lecture de la ponctuation, à voix haute, plusieurs jours consécutifs, dans votre salon, votre baignoire (prononcez bien bai-*gn*-oire, avec un *gn* comme dans pei-*gn*-oir ou dans campa*gn*e ou dans épar*gn*e, et ne vous laissez pas aller à la prononciation un peu bêbête : bai-noire…) ; donc, si vous n'avez pas effectué les exercices demandés, inutile d'aller plus loin, vous ne parviendrez jamais à ponctuer correctement un texte, car l'imprégnation vaut autant que toutes les indications qui vont suivre.

Vous êtes sorti de votre bai-*gn*-oire ? Bien ! Voici maintenant les conseils indispensables pour bien écrire la ponctuation.

ÉCRIRE LE POINT

Une phrase commence par une majuscule et se termine par un point. Oui, mais qu'est-ce qu'une phrase ? C'est une unité de sens, on exprime quelque chose, une idée, un désir, une observation, etc. Et puis on marque une courte pause parce que la phrase française est en général composée d'un sujet, d'un verbe et d'un ou plusieurs compléments. Ainsi, dans : «Mon tonton grognon tond son bon mouton. », « Mon tonton grognon » est le sujet, « tond » est le verbe et « son bon mouton » est le complément. À la fin de cette phrase complète, on met donc un point.

Mais attention, la phrase peut être sans verbe : « Quel bon mouton ! » ; elle peut être réduite à un seul mot : « Oui ? », « Non ! », à deux lettres : « Ah ! »

Phrase, titre

Dans tous les cas, la phrase, qu'elle comporte cent mots ou un seul, commence par une majuscule et se termine par un point, quel qu'il soit. Et, après le point qui termine une phrase, on commence la phrase suivante par une majuscule, obligatoirement.

Attention : on ne met pas de point à la fin d'un titre de livre, de film, d'œuvre en général (sauf s'il s'agit d'un point d'exclamation, d'interrogation, de suspension).

Point et symboles

Pas de point – ni de marque du pluriel – pour les symboles d'unités : calorie : cal – centilitre : cl – centimètre : cm – décalitre : dal – décamètre : dam – décigramme : dg – décilitre : dl – gigaoctet : Go – gramme : g – hectare : ha – heure : h – kilogramme : kg – kilomètre : km – kilomètre heure : km/h – kilooctet : ko – kilowatt : kW – mégahertz : Mhz – mégaoctet : Mo – mètre : m – mètre carré : m^2 – milligramme : mg – millilitre : ml – millimètre : mm – minute : min – octet : o – seconde : s – tonne : t – volt : V – watt : W – wattheure : Wh.

Point et abréviation

Lorsqu'on abrège un mot, on cautérise son amputation avec un point. Ainsi, le certificat d'aptitude au professorat de l'enseignement technique est abrégé en C.A.P.E.T. Ce mot né de mots abrégés s'appelle un acronyme. On en enlève souvent les points abréviatifs, ce qui donne à l'acronyme l'allure d'un mot à part entière : CAPET, CAPES (certificat d'aptitude au professorat de l'enseignement secondaire), SICAV (société d'investissement à capital variable), SIDA (syndrome d'immunodéficience acquise).

ÉCRIRE LA VIRGULE

Le mot *virgule* vient du latin *virgula* qui signifie petite branche ou petite baguette. Et si on la regarde à la loupe, la virgule possède effectivement la forme de l'une ou de l'autre.
À quoi sert la virgule ? À rythmer l'inspiration et la respiration de la pensée, et des poumons… En effet, la lecture et l'écriture sont tributaires de la capacité thoracique, de l'expiration de l'air contenu dans les lobes pulmonaires.
Il semble que la pensée, consciente des limites de celui qu'elle gouverne (vous…), se fractionne d'elle-même en tronçons plus ou moins longs, et la virgule marque chacun de ces tronçons dans la phrase.

Risque d'homicide…

Il faut donc être particulièrement vigilant lorsqu'on écrit un texte : les virgules nécessaires doivent y être lisibles afin d'éviter au lecteur un inévitable étouffement si la phrase dépasse une ligne ; et si cet étouffement est fatal, vous commettez alors un homicide par imprudence passible d'une lourde peine ! Vous voyez bien que c'est important, la ponctuation !...

Afin de vous garantir contre toute plainte de lecteur étouffé, voici les directives à observer scrupuleusement lorsque vous voulez utiliser la virgule.

Virgule et sujet

Plusieurs sujets se trouvent en tête de phrase : mettez une virgule après chacun d'eux, lorsqu'ils forment une unité, un groupe identifié – parfois, cependant, la virgule est omise avant le verbe.

Tonton, ses moutons, ses chapons, ses faucons, *s'en vont chez les Patagons.*

Si les deux derniers sujets sont reliés par une conjonction de coordination – par exemple *et* – on ne les fait pas suivre d'une virgule.

Tonton, son ennemi Gaston et un vieux barbon *s'en vont dans les Grisons.*

Virgule et épithète

Une épithète ou une série d'épithètes précédant ou suivant le sujet sont accompagnées de virgules.

*Rouge, louche, la sainte nitouche **joyeuse**, **laborieuse**, pâlit en se mettant au lit.*

On peut aussi remplacer la virgule qui sépare deux épithètes par une conjonction de coordination – par exemple *et* –, on crée alors deux unités binaires détachées du sujet par des virgules.

***Rouge et louche**, la sainte nitouche, **joyeuse et laborieuse**, pâlit en se mettant au lit.*

Autre version :

***Rouge et louche**, **joyeuse et laborieuse**, la sainte nitouche pâlit en se mettant au lit.*

Ou bien encore :

***Rouge, louche, joyeuse, laborieuse**, la sainte nitouche pâlit en se mettant au lit.*

L'emploi de la virgule dans cette structure doit permettre d'exprimer d'autres nuances ; par exemple, si on veut insister sur l'adjectif *louche*, rien n'interdit de le mettre entre virgules, accompagné de la conjonction de coordination *et*, l'ensemble *et louche* étant lu un demi-ton au-dessous…

***Rouge**, et louche, la sainte nitouche, **joyeuse et laborieuse**, pâlit en se mettant au lit.*

Autrement dit, l'emploi de la virgule ne répond pas à un code rigide, elle se plie au désir de l'auteur et elle le sert avec précision, à condition qu'il sache vraiment ce qu'il veut dire…

Virgule et Rimbaud

Qu'a vraiment écrit le poète Arthur Rimbaud dans son fameux sonnet « Le Dormeur du val » ? Le doute se situe dans les deux derniers vers, au moment où on découvre que ce dormeur est un soldat mort.

*Il dort dans le soleil, la main sur **sa poitrine***
***Tranquille**. Il a deux trous rouges au côté droit*
Ou bien…

*Il dort dans le soleil, la main sur **sa poitrine**,*
***Tranquille**. Il a deux trous rouges au côté droit.*

Dans la première version, c'est la poitrine du soldat qui est tranquille, cela signifie qu'il ne respire plus, qu'il est mort.

Dans la deuxième version, l'adjectif *tranquille* est une épithète détachée qui qualifie le pronom personnel *il* : c'est le soldat qui est tranquille.

Fragilité du vers… On ne pourra jamais savoir ce qu'a écrit Rimbaud, le manuscrit original n'existant pas ; cette incertitude offre au lecteur la possibilité de créer lui-même le sens final, ce qui constitue une sorte de collaboration artistique avec le grand Arthur – qui ne savait trop lui-même s'il avait écrit ou non une virgule…

Virgule et Maupassant

Guy de Maupassant (1850-1893) écrit dans l'un de ses contes normands, intitulé « Le Petit Fût » :

« *Maître Chicot possédait un bien attenant aux terres de la vieille, qu'il convoitait depuis longtemps.* »

On comprend l'importance capitale de la virgule après le mot *vieille*… Et on ne s'étonne guère, connaissant le caractère coquin de Maupassant, qu'il ait ainsi joué avec la ponctuation, afin que l'esprit se sente frôlé par le menu vertige de l'incongru…

Virgule et attribut

Les attributs en série sont aussi séparés par des virgules – mais attention, le verbe attributif n'est pas séparé du premier attribut.

*La sainte nitouche paraît **heureuse, amoureuse, sérieuse et travailleuse**.*

*La sainte nitouche est **la plus élégante, la plus court vêtue, la plus élancée** de toutes ses copines.*

Virgule et apposition

L'apposition est toujours séparée du nom ou du pronom auquel elle se rapporte par une virgule.

*Figaro, **prince des coiffeurs**, lit son journal.*

*La comtesse, **reine des pommes**, vend ses poires.*

Virgule et apostrophe

L'apostrophe – la personne ou l'entité à laquelle on s'adresse – est toujours accompagnée d'une virgule.

***Pascal**, la porte !*

*Couché, **Médor** !*

Virgule et compléments

Le complément d'objet n'est pas séparé du verbe par une virgule.

*Pour traverser le désert, le militaire emporte **sa gourde*** (et non… *emmène sa gourde*, car la *gourde* en question serait alors une personne !).

Si le complément d'objet est antéposé, il est suivi d'une virgule.

***Sa gourde**, le militaire l'emporte pour traverser le désert.*

Si plusieurs compléments d'objet suivent le verbe, on les sépare par des virgules, à partir du deuxième – sauf s'ils sont reliés par une conjonction de coordination.

*Pour traverser le désert, le militaire emporte **sa gourde, sa boussole, son casse-croûte et une enclume** – ainsi, s'il est poursuivi par un lion, il peut courir plus vite après l'avoir lâchée.*

Lorsqu'un ou plusieurs compléments précèdent un sujet et son verbe, on emploie la virgule.

***Après s'être brossé les dents, avant de se mettre au lit, dès qu'il a quitté sa combinaison, dès que sa femme a enfilé la sienne**, le pilote enlève son casque.*

Lorsque le complément est directement suivi du verbe et que le sujet est inversé, on ne met pas de virgule.

***Dans le brouillard** s'en vont un paysan cagneux et son beau-frère.* (Alors qu'on aurait écrit : *Dans le brouillard, un paysan cagneux et son beau-frère s'en vont.*)

Si la proposition est une participiale, elle doit être suivie d'une virgule.

Les chevaux repartis, Meaulnes se tailla un sifflet.

Virgule et *mais, car*

On met une virgule avant *mais* et avant *car*.

Jeanneton prend sa faucille, **mais elle refuse d'aller couper les joncs**.

Jeanneton refuse d'aller couper les joncs, **car elle connaît la chanson**.

On peut supprimer la virgule avant *mais* lorsque les deux termes sont courts.

Jeanneton est **jolie mais têtue**.

Si *mais* exprime une hésitation, une réflexion soudaine, on le fait suivre d'une virgule.

Mais, j'y pense, j'avais rendez-vous avec Jeanneton !

Virgule et *et*

Lorsque la conjonction de coordination unit des termes de même nature et de même fonction, on n'emploie pas de virgule.

Jeanneton se nourrit **d'ail et de maroilles**.

On peut cependant utiliser la virgule pour mettre un dernier terme en relief.

Ses parents se nourrissent aussi d'ail, de maroilles, d'oignons, **et d'époisses**...

Lorsque, dans la phrase, la conjonction *et* introduit une pro-position possédant un sujet différent, elle est précédée d'une virgule.

Jeanneton se nourrit d'ail et de maroilles, ***et son haleine lui sert de bouclier****.*

La conjonction *et* peut servir à renforcer, de façon répétitive, les termes d'une énumération ; on la fait alors précéder d'une virgule – sauf s'il n'y a que deux termes.

Et le vent, et la pluie, et la neige, et la grêle *n'y font rien : Jeanneton marche vers son destin.*

Et le soleil et la brise *rendent léger son blanc jupon.*

Virgule et *ni, ou*

Lorsque *ni* est répété deux fois, on ne met pas de virgule, il en est de même pour *ou*.

Ni Danton ni Desmoulins *n'étaient coupables, et pour-tant…*

Ils avaient ***ou trop parlé ou pas assez****.*

Lorsque *ni* est répété plus de deux fois, on emploie la virgule, il en est de même pour *ou*.

Ni Eylau, ni Wagram, ni Borodino*, n'ont été de vérita-bles victoires de Napoléon.*

Virgule et *donc*

On fait suivre la conjonction de coordination *donc* d'une vir-gule lorsqu'elle introduit une confirmation de la pensée.

Donc, *si je vous comprends bien, cher Ludwig, vos premiers mots furent : « Pomme, pomme, pomme, pomme ! »*

Pas de virgule en revanche lorsque donc renforce une affirmation, ou introduit une conclusion.

*« Nous sommes **donc** en présence d'une œuvre qui est le fruit de vos souvenirs d'enfance, cher Ludwig. » « Oui ! C'est ma façon de dire : Je pense, **donc** je suis ! »*

Virgule et sens

Les propositions relatives, les participes, les noms ou adjectifs changent le sens de la phrase selon qu'ils sont placés entre virgules ou non.

*Les animaux **qui ont des poils** ne sont pas des oiseaux* (seuls les animaux qui ont des poils ne sont pas des oiseaux).

*Les animaux, **qui ont des poils**, ne sont pas des oiseaux* (dans cette phrase, on suppose que tous les animaux ont des poils, or, ce n'est pas le cas des oiseaux, qui sont aussi des animaux…).

*Les mannequins, **qui sont de grande taille**, ne porteront pas de talons hauts* (aucun mannequin ne portera de talons hauts).

*Les mannequins **qui sont de grande taille** ne porteront pas de talons hauts* (seuls les mannequins qui sont de grande taille ne porteront pas de talons hauts, les petits mannequins en porteront).

*Les petits mannequins, **épuisés**, sont allés dormir* (tous les petits mannequins sont allés dormir).

*Les petits mannequins **épuisés** sont allés dormir* (parmi les petits mannequins, seuls ceux qui étaient épuisés sont allés dormir).

*Les professeurs, **se levant de bonne heure**, bâillent à cinq heures* (tous les professeurs bâillent à cinq heures parce qu'ils se lèvent de bonne heure).

*Les professeurs **se levant de bonne heure** bâillent à cinq heures* (seuls les professeurs qui se lèvent de bonne heure bâillent à cinq heures).

Virgule et *soit*

L'emploi de la virgule dépend du sens de *soit*.

Soit, *vous m'avez offert en cadeau un beau serpent, tout fin et très long ! Mais, **soit** par négligence, **soit** par économie, vous avez oublié de me fournir la laisse pour le promener. J'en ai acheté une en peau de crocodile, et vous envoie la facture, **soit** cinq cents euros.*

Le premier soit signifie *J'en conviens*. Le deuxième et le troisième sont l'équivalent de *ou bien*. Le dernier a pour sens *c'est-à-dire*.

Virgule et *c'est-à-dire*

On met une virgule avant la locution explicative *c'est-à-dire*.

*L'erpétologie, **c'est-à-dire** l'étude des reptiles et des amphibiens, s'écrit aussi avec un h : herpétologie.*

Virgule et *ainsi que*

Lorsque les mots qu'introduit la locution *ainsi que* sont placés entre virgules, on accorde le verbe avec le sujet qui précède cet ensemble encadré.

*La vipère, **ainsi que la couleuvre**, est dépourvue d'ailes, ce qui ne l'empêche pas de sauter de branche en branche.*

Lorsque les virgules sont absentes, on accorde l'ensemble du sujet avec le verbe.

*La vipère **ainsi que la couleuvre** sont dépourvues d'ailes, ce qui ne les empêche pas de sauter de branche en branche.*

Virgule et *c'est*

On met une virgule avant *c'est.*

*À la question : Qu'est-ce que le risque ? un candidat au bac rendit sa feuille avec ces mots : Le risque, **c'est ça** ! Après avoir tracé son zéro, le correcteur ajouta : Le risque, **c'est ça** aussi…*

Virgule et *Monsieur*

Au début d'une lettre, on ajoute une virgule après *Monsieur, Madame, Cher ami, Chère amie,* etc.

Chère Madame,
Voici des fruits, des fleurs, des feuilles et des branches…
Poétiquement vôtre,
Votre P.V.

Virgule et *sinon*

On met une virgule avant *sinon*.
Prenez grand soin de votre rose, sinon elle va perdre les pétales.

Virgule et incise

Son nom l'indique : l'incise est une proposition qui trouve sa place dans une sorte d'incision, de coupure effectuée dans une autre proposition. L'incise nous apprend qui parle, ou bien à qui on s'adresse ; elle se place entre virgules.

« *Je vous renvoie vos fruits,* **dit-elle***, vos fleurs, vos feuilles et vos branches…* »

L'incise peut aussi se trouver à l'extérieur des propos rapportés – la virgule n'est utilisée que s'il n'y a aucune ponctuation dans les paroles rapportées.

« *Qu'avez-vous fait de mon cœur qui ne bat que pour vous ?* » **répondit-il**.

« *Il n'était pas joint à l'envoi* », **répliqua-t-elle**.

Virgule et *eh bien*

Eh bien (et non *Et bien*…) est une exclamation qui réclame une virgule.

Eh bien, *je ne savais pas qu'on écrivait* eh *le* eh *de* eh bien !

Virgule et *seul*

L'adjectif *seul* peut être épithète détachée, et nécessite alors l'emploi de la virgule.

Seule, *elle tond sa pelouse chaque samedi.*

Seul adjectif épithète n'est pas séparé du nom qualifié par une virgule.

Seul le silence est grand, tout le reste est faiblesse.

La virgule et *toi, moi, nous…*

Les pronoms personnels apposés sont suivis d'une virgule.

Toi, lui et moi, nous irons à Valparaiso, ou ailleurs, ça m'est égal.

Toi, tu iras à Valparaiso.

Moi, à Tombouctou.

Lui, partira au pôle Nord.

ÉCRIRE LE POINT-VIRGULE

Dans une phrase développée, un peu longue, on se rend compte que la virgule ne suffit pas pour marquer les pauses nécessaires à la clarté de l'expression ; on peut donc fractionner cette phrase, sans nuire à l'unité de l'idée, à l'aide du point-virgule ; celui-ci peut séparer des propositions, des noms ou adjectifs complétés, etc.

Les chats ont des griffes pour lacérer ; les serpents possèdent des crochets venimeux pour empoisonner ; les aigles déchirent leur proie avec leur bec ; les chiens ont des crocs pour dépecer. Et les hommes ? Ils ont les mots…

Pour une condamnation ; pour une exécution ; pour une blessure à mort ; pour un duel plus cruel que le corps à corps ;

pour tout cela, mieux que les griffes, les becs et les crocs, il y a les mots.

En finesse

Lorsque vous écrivez, si vous sentez que votre phrase s'étire en longueur, si vous ne parvenez pas à y loger votre idée, pensez au point-virgule. Loin d'être inutile – ouvrez à n'importe quelle page Balzac, Hugo, Flaubert ou Proust, vous en trouvez – ce signe de ponctuation est la preuve que celui ou celle qui écrit maîtrise en finesse l'élaboration de sa pensée. Et laissez dire ceux qui, aujourd'hui, le trouvent dépassé, les belles écritures en sont toujours ornées.

Dans le chiasme

On peut aussi employer le point-virgule au centre d'un chiasme – c'est un mot savant qui signifie croisement, cela consiste à placer en ordre inverse la syntaxe de deux groupes identiques. En voici deux exemples.
Pour les filles, le rose ; le bleu pour les garçons.
Des bleus pour les garçons ; pour les filles, des roses.
Le point-virgule est également nécessaire dans une phrase aux nombreuses virgules ; il permet de dissiper des ambiguïtés.
Elle est belle, séduisante, élégante ; elle satisfera tous vos désirs ; elle vous dorlotera, vous emportera dans le rêve ; alors, je vous la vends, cette télé ?

ÉCRIRE LES DEUX POINTS

Les deux points annoncent une explication.
Le radeau de la Méduse, *le célèbre tableau de Géricault, disparaîtra bientôt* : *les pigments de plombs utilisés par le peintre s'oxydent irrémédiablement.*

Les deux points et la citation

On utilise aussi les deux points pour introduire une citation.
Savez-vous que, lorsque vous demandez à quelqu'un : «Comment allez-vous ? », vous amputez la question de son complément : « … à la selle » ?
En effet, au temps de la Renaissance, il était de bon ton de s'inquiéter, auprès de ses amis, de la qualité de leur séjour matutinal ou vespéral dans les lieux d'aisance…
Ce n'est pas une raison pour substituer, demain, au fameux «Comment allez-vous ? » une question équivalente, par exemple : « Tout s'est bien passé ? »…
Que dire alors, désormais, à ceux que vous rencontrez, si vous ne voulez pas éclater de rire ? Débrouillez-vous…

Les deux points dans l'histoire

Attention : si vous parcourez des textes du XVIe siècle qui n'ont pas été retouchés, ou qui sont transcrits le plus fidèlement possible, vous trouverez les deux points où vous ne les attendiez peut-être pas.

À cette époque, et même au XVIIe siècle, les deux points font partie des trois signes de ponctuation suivants : l'*incisium* (la virgule) qui sépare les mots ou groupes de mots, les phrases simples ; le *comma* (deux points, puis point-virgule) qui sépare les phrases plus longues se rapportant à une idée, à un sujet – *les fermes sentences d'une matière*, dit-on à l'époque ; enfin, le *colon*, en grec (*punctum*, en latin), qui termine une idée, *démontre la fin de quelque matière*.

ÉCRIRE LES POINTS DE SUSPENSION

Dans suspension, il y a suspens. Le suspens, c'est l'interruption – le suspense, mot d'origine anglaise, désigne quant à lui une situation d'attente impatiente, et parfois liée à l'angoisse. Les points de suspension suspendent, interrompent soit la phrase, soit la pensée qui se poursuit alors en un sous-entendu que le lecteur comprend. Les points de suspension permettent d'éviter de poursuivre une énumération.

Les chanteurs des années soixante et soixante-dix : Johnny Hallyday, Jacques Dutronc, Patrick Juvet, Dave, Michel Polnareff…

La locution latine *et cætera* (et le reste), abrégée en etc. ne doit jamais être suivie de trois points de suspension ; elle est toujours précédée d'une virgule.

Les chanteurs des années soixante et soixante-dix : Johnny Hallyday, Jacques Dutronc, Dave, Patrick Juvet, Michel Polnareff, etc.

Points de suspension et prudence

Les points de suspension évitent d'écrire ce qui peut être jugé excessif, vulgaire ou grossier.

« La place ? Je l'avais vue avant toi, et puis ton gros 4x4 ne me fait pas peur, espèce de c… ! »

« Recule, ou je t'écrase, moucheron de Lilliput, empapouaté, trafiquant de fatalatapouettes, gros c… ! »

« Vos papiers, bandes de c… ! »

Points de suspension et suspens

Si vous lisez les tragédies de Jean Racine (1639-1699), vous trouverez souvent des points de suspension ; ils sont employés au moment où un personnage s'apprête à épancher son cœur, à livrer ses sentiments, mais comme ce déballage aurait l'air un peu niais – surtout si c'est un fier guerrier qui parle –, l'auteur a préféré couper court en utilisant les points de suspension. Ainsi dans ce passage tiré de la tragédie *Andromaque*, Oreste le fier, l'amoureux et ombrageux guerrier s'adresse à Hermione, la passionnée :

Oreste

Avez-vous en effet souhaité ma présence ?
Croirai-je que vos yeux à la fin désarmés
Veulent…

Hermione

Je veux savoir, Seigneur, si vous m'aimez.

Racine a employé les points de suspension, parce qu'on a bien compris ce que pourraient vouloir ces yeux désarmés… C'est ce qu'on appelle le suspens racinien.

Points de suspension et suppression

On emploie les points de suspension entre parenthèses pour signifier qu'une partie de phrase a été supprimée.

Le jour (…) se levait à peine. Le train (…) entra en gare (…) comme par effraction.

On emploie les points de suspension entre crochets pour signifier qu'une partie du texte a été supprimée.

François et Françoise pénétrèrent discrètement dans l'hôtel […] Enfin, ils se retrouvèrent dans la rue, fourbus.

Avec les points de suspension, on prépare le lecteur à une petite surprise.

Et vous avez gagné… le droit de continuer à lire !

Points de suspension et supplément

On peut mettre un point de suspension après un point d'interrogation ou un point d'exclamation, afin de créer un effet supplémentaire, celui de l'attente, de la surprise, de la stupeur, etc.

François et Françoise se quittèrent sur le quai de la gare. Il lui dit : « Au plaisir !... » Elle lui demanda : « Dans combien de temps ?... » Il lui répondit : « Dans un mois, dans un an !»…

Points de suspension et silence

Dans un dialogue, on peut rencontrer les points de suspension lorsque l'un des interlocuteurs veut garder le silence.

– *François, n'est-ce pas le début d'un vers de Racine ?*

– *...*

– *Celui où Bérénice et Titus se séparent ? Que vouliez-vous me faire comprendre, François ?*

– *...*

– *Mais quelle est mon erreur, et que de soins perdus ! François, répondez...*

– *...*

François, comme tous les hommes dans cette situation délicate, gardait un silence penaud, impatient de prendre la poudre d'escampette.

ÉCRIRE LE POINT D'EXCLAMATION

Comme son nom l'indique, le point d'exclamation sert à donner au mot, à la phrase qu'il suit, le ton de celui qui s'exclame. L'exclamation accompagne la colère, l'indignation, l'étonnement, la joie, la peine, tout ce qui provoque remous ou vagues dans la pensée.

La verticalité du point d'exclamation ressemble à un barrage élevé en hâte pour que la parole ne coure pas le risque d'un incontrôlable débordement ; c'est à la fois un laisser aller et une retenue. On l'emploie après une interjection.

*Ah ! Aïe ! Aïe, aïe, aïe ! Ouille ! Eh ! Eh, eh ! Oh ! Oh, oh, oh !
Chut ! Oh non ! Oh là là ! Hi, hi ! Ha, ha ! Ho, ho ! Eh bien !
Ça alors ! Hélas ! Ah bon ? Ah non ! Ah oui ? Ah zut !*

Ah ! Ha !

Doublée ou triplée, l'interjection *ah* suivie d'un point d'exclamation exprime le rire en rapport avec l'humour ou l'ironie.
Ah ! ah ! ah ! Elle est très drôle, votre anecdote !
Après l'interjection *ah* suivie d'un point d'exclamation, on n'utilise pas de majuscule si la phrase n'est pas terminée.
Ah ! je la trouve très en forme !
On utilise une majuscule si on veut disjoindre du début de la phrase l'interjection *ah*, insister sur la surprise.
Ah ! Vous m'aviez habituée à moins de rudesse !
Le rire né d'une situation comique, le gros rire est plutôt traduit par le doublement ou le triplement de l'interjection *ha*.
Ha, ha, ha ! fit le clown avant de tomber, le derrière dans la bassine pleine d'eau glacée !

!!! (!)

Placé entre parenthèses à l'intérieur d'une phrase, le point d'exclamation souligne l'étonnement qui confine à l'ironie, voire à la stupeur.
Hamelot de La Houssaye écrit sans aucun scrupule : « On aime d'ordinaire les belles femmes par inclination, les laides par intérêt (!), et les vertueuses par raison. »

En lisant les bandes dessinées, on remarque parfois, dans certains phylactères (ce sont les bulles où les paroles sont écrites) des rafales de points d'exclamation, parfois mêlés à d'autres points, en rafale eux aussi – interrogation, suspension. Cette façon de ponctuer complète efficacement l'image, les points utilisés devenant presque sonores... Mais, dans un texte sans images, inutile d'employer deux ou trois points d'exclamation – ou d'interrogation – successifs, un seul suffit ; et si on estime l'effet obtenu insuffisant, c'est au vocabulaire qu'il faut avoir recours.

ÉCRIRE LE POINT D'INTERROGATION

Évidemment, si on écrit un point d'interrogation, c'est qu'on s'interroge ou qu'on fait s'interroger un personnage présent dans la page.

Attention, cependant, à l'interrogation directe et à l'interrogation indirecte.

Dans l'interrogation directe, on écrit le point d'interrogation à la fin d'une structure qui commence par un pronom interrogatif ou par un adverbe d'interrogation.

Qu'allait-il faire dans cette galère ? Qu'est-ce qu'on peut faire dans une galère ?

Interrogation indirecte

Dans l'interrogation indirecte, on emploie un verbe introducteur – *se demander*, ou bien un autre verbe du même sens ;

ainsi, le point d'interrogation et la structure interrogative ne sont plus nécessaires puisque le verbe introducteur remplace l'idée qu'ils traduisaient.

J'ignore ce qu'on peut faire dans une galère (et non *J'ignore qu'est-ce qu'on peut faire…*).

Je me demande ce qu'il allait faire dans cette galère (et non *Je me demande qu'est-ce qu'il allait faire…*).

Suite interrogative

Plusieurs propositions interrogatives peuvent se succéder. Selon leur sens ou selon la cadence qu'on veut donner à la phrase, on peut utiliser un seul ou plusieurs points d'interrogation.

Fallait-il qu'il aille sur ce bateau, fallait-il qu'il risque ainsi sa peau ? Fallait-il qu'avant Molière, il y eût Cyrano ?

(?)

Le point d'interrogation entre parenthèses dans une phrase traduit un certain scepticisme, une surprise, ou bien souligne l'aspect abstrus, incompréhensible d'un passage.

La vérité, dans une axiomatique nominaliste, subodore une probabilité épistémologique (?) purement conventionnelle.

Interrogation et incise

Une incise en fin de phrase ne doit pas être suivie du point d'interrogation – celui-ci demeure à l'intérieur des guillemets.

« Voulez-vous que tous deux, nous partions par la galère de 5 h 07 ? » demanda-t-il.

Si l'incise se trouve en milieu de phrase, le point d'interrogation est placé à la fin – à l'intérieur des guillemets.

« Voulez-vous, demanda-t-il, que nous partions par la galère de 5 h 07 ? »

ÉCRIRE LES PARENTHÈSES

Le mot parenthèse vient du grec *parentithenai* qui signifie insérer.

La parenthèse est l'insertion d'une idée, d'un mot, d'une précision chiffrée, d'une courte digression, à l'intérieur d'une phrase.

Pour insérer une parenthèse, on utilise deux signes typographiques appelés… les parenthèses : ().

On peut écrire et dire : « Permettez-moi d'ajouter, par parenthèse… », ou bien : « Il faut savoir, entre parenthèses, que… », ou bien : « J'ouvre une parenthèse pour vous préciser que… », mais jamais : « Il est à souligner, entre parenthèse, que… » : le mot parenthèse, ici, ne peut être employé au singulier, puisque les parenthèses vont par deux.

Lorsqu'on dicte un texte, on annonce : « Ouvrez la parenthèse », puis : « Fermez la parenthèse ».

Parenthèses et précision

Les parenthèses apportent une précision.

Avant de lancer ses soldats à l'assaut du plateau de Pratzen (ils attendent le signal depuis plus de trois heures) Napoléon sait qu'il peut perdre la bataille en moins de trente minutes. Austerlitz (petit village de Moravie) s'apprête à entrer dans l'Histoire.

Didascalies

On utilise aussi les parenthèses dans les textes de théâtre pour donner les indications scéniques (ou *didascalies*, qui signifie en grec indications scéniques…). Ainsi, dans *Les Femmes savantes* de Molière, acte III, scène 3, vers 943 à 947 :

Philaminte

Du grec, ô ciel ! du grec ! Il sait du grec, ma sœur !

Bélise

Ah ! ma nièce, du grec !

Armande

Du grec ! quelle douceur !

Philaminte

Quoi ? Monsieur sait du grec ? Ah ! permettez, de grâce,
Que pour l'amour du grec, monsieur, on vous embrasse.
(Il les baise toutes, jusques à Henriette, qui le refuse)

Henriette

Excusez-moi, monsieur, je n'entends pas le grec.

Parenthèse et fin

Si la parenthèse termine une phrase, le point final doit être placé à l'extérieur.

Celui qui est accueilli par Philaminte, la femme de Chrysale, s'appelle Vadius (on sait que, pour créer ce personnage, Molière s'est inspiré d'un savant vaniteux qu'il connaissait bien : Ménage).

Si la parenthèse est ouverte après un point, on place le point final avant de la fermer.

Celui qui est accueilli par Philaminte, femme de Chrysale, s'appelle Vadius. (On sait que, pour créer ce personnage, Molière s'est inspiré d'un savant vaniteux qu'il connaissait bien : Ménage.)

Parenthèse en parenthèse

On peut insérer une parenthèse dans une autre parenthèse, mais il est préférable de s'en abstenir, car le fil de l'idée dominante risque de s'emmêler.

Vadius et Trissotin se querellent (Trissotin, c'est le trois fois sot (Molière s'est inspiré de l'abbé Cotin), auteur de poésies sans grande valeur) ; ils en viennent presque aux mains.

Parenthèse et énumération

Dans les énumérations, le chiffre est immédiatement suivi de la parenthèse.

1) Le point
2) La virgule

3) Le point-virgule

etc.

Mais on peut aussi faire suivre les chiffres d'un tiret, sans employer alors la parenthèse.

ÉCRIRE LES TIRETS

Les tirets sont utilisés pour mettre en relief, avec plus ou moins d'insistance, un élément de la phrase (alors que les parenthèses sont plutôt destinées à masquer, à rendre secondaire ce qu'elles encadrent).

Cette mise en relief est informative – on révèle un détail, on donne un chiffre, on explique brièvement le mot qui précède ; mais on peut lui donner aussi certaines tonalités particulières tels l'humour, l'ironie, ou faire ressortir une antithèse (une opposition).

Cet homme – qui n'avait cessé de discourir sur l'honnêteté, la morale – fut arrêté à la fin de sa vie pour trafic de fatalatapouettes.

Tirets et dialogue

Le tiret est utilisé pour marquer les répliques dans un dialogue romanesque.

– Qu'y a-t-il entre vous et moi ?

– Il y a la conjonction et.

– Vous vous moquez !

Elle le regarda avec froideur et ironie. Elle ajouta :

– Non, je ne me moque pas, je ne vois rien d'autre…
Il suit le nom du locuteur dans un compte rendu, dans une pièce de théâtre.
Trissotin – Allez, petit grimaud, barbouilleur de papier.
Vadius – Allez, rimeur de balle, opprobre du métier.
Trissotin – Allez, fripier d'écrits, impudent plagiaire.
Vadius – Allez, cuistre…
Les Femmes savantes, acte III, scène 3, vers 1015 à 1018.

ÉCRIRE LES GUILLEMETS

Connaissez-vous l'histoire du mot guillemet ? L'inventeur en est un imprimeur du nom de Guillaume (probablement Guillaume Le Bret, qui imprima en 1538 le *Rommant de la Rose*). On voit apparaître ce signe en marge des textes à partir de 1527. Au XVIIIe siècle, on les intègre au texte afin de moins utiliser les lettres italiques.
Il existe trois sortes d'écriture de guillemets : les guillemets français (qui datent du début du XIXe siècle) : « … » ; les guillemets anglais (ou italiens) qui ont la forme de virgules volantes : "…" ; les guillemets droits : "…". Les plus utilisés sont les guillemets français.

Guillemets et citation

Aujourd'hui, on utilise les guillemets pour effectuer une citation, le guillemet ouvrant étant précédé de deux points – le point final se place alors avant les guillemets fermants.

Voltaire, Courteline, Tristan Bernard, ou bien quelqu'un d'autre, a écrit : « L'homme n'est pas fait pour le travail ; la preuve, c'est que ça le fatigue. »

Lorsque la citation est incluse dans le fil de la phrase, sans les deux points qui l'annoncent, le point final se met après le guillemet fermant.

Paul Léautaud dit qu'il adore les animaux, mais qu'il **« déteste les bêtes »**.

Guillemets et paroles rapportées

Les paroles rapportées peuvent l'être de deux façons.

Ou bien on utilise le discours indirect qui ne nécessite pas l'emploi des guillemets.

Le professeur demande à sa classe ce qu'est un chauffeur de corbillard. Si un élève répond que c'est un pilote-décès, doit-il être sanctionné ?

Ou bien on utilise le discours direct, en ne mettant entre guillemets que les paroles vraiment prononcées – le premier mot après le guillemet ouvrant prend une majuscule.'

Le professeur demande à sa classe : « Qu'est-ce qu'un chauffeur de corbillard ? ». Si un élève répond : « C'est un pilote-décès ! », doit-il être sanctionné ?

On peut ne rapporter qu'une partie des paroles prononcées, éventuellement en caractères gras – mais seulement les paroles véritablement prononcées ; la conjonction *que*, par exemple n'a pas été prononcée, elle demeure à l'extérieur des guillemets, de même que le verbe *pouvait* qui appartient au contexte narratif.

*Dans son entretien avec le professeur, l'inspecteur a souligné que « **le seul danger de ce genre de calembour est de mourir de rire** », et que « **mourir de rire permet de mourir plusieurs fois par jour** ». Le professeur a ajouté qu'on pouvait aussi « **mourir d'aimer plusieurs fois par an** ».*

Guillemets prudents

On met entre guillemets un mot ou un groupe de mots qu'on ne désire pas prendre en charge, parce qu'il constitue un écart de langage, ou parce qu'on veut en laisser l'entière responsabilité à celui qui l'a prononcé ou écrit.

*Le malfaiteur a avoué que, lors de l'attaque de la banque, il avait vraiment exagéré, ou plutôt, selon ses propres termes, « **complètement déconné** » en menaçant le directeur, monsieur Loiseau, avec un lance-pierres.*

Lorsque dans une citation entre guillemets, on doit insérer une autre citation entre guillemets, on utilise les guillemets anglais.

« Je vous rappelle les paroles de mon client, monsieur le président : "Mon lance-pierres n'était même pas chargé !" »

Guillemets et titres

On met entre guillemets (ou en lettres italiques non enca-
drées de guillemets, présentation aujourd'hui la plus fré-
quente) les titres de livres, de films, d'œuvres en général.
*Balzac a écrit « La Comédie humaine », Malraux « La
Condition humaine », et J. Vallée « L'Histoire du Maine ».*

Guillemets et néologisme

Le néologisme – mot inventé pour l'usage qu'il possède dans
la phrase – se met entre guillemets.
*N'est-ce pas le petit Paul dans une œuvre de Marcel Pagnol
qui veut « démourir » un oiseau, c'est-à-dire le ressusciter ?*

Guillemets et dialogue

Un dialogue est généralement encadré de guillemets.
Paul K. s'adressa alors au président :
« Monsieur le président, avez-vous un jour dansé la polka ?
– Bien sûr, monsieur Paul K. !
– Et vous est-il arrivé de faire un faux pas ?
– Jamais, monsieur Paul K. » Le silence se fit dans le prétoire.
L'huissier se pencha alors vers le président, en lui chuchotant :
« Une pervenche vous a collé une contredanse !
– Cela ne fait rien, je la ferai sauter !
– …
*– Je ferai sauter la contredanse ! Revenons à la polka, euh, je
veux dire à Paul K. »*

Dialogue moderne

Mais, on pouvait fort bien se passer de guillemets dans le passage qui précède. Le fait d'aller à la ligne et de mettre un tiret signifie que quelqu'un prend la parole ; l'emploi des guillemets devient alors superfétatoire (le mot superfétatoire signifie superflu) et redondant (c'est un synonyme de *superflu* et *superfétatoire*…). La suppression des guillemets rend plus clair, plus direct l'échange entre les personnages.

Paul K. s'adressa alors au président :

– Monsieur le président, avez-vous un jour dansé la polka ?

– Bien sûr, Monsieur Paul K. !

– Et vous est-il arrivé de faire un faux pas ?

– Jamais, Monsieur Paul K.

Le silence se fit dans le prétoire. L'huissier se pencha alors vers le président, en lui chuchotant:

– Une pervenche vous a collé une contredanse !

– Cela ne fait rien, je la ferai sauter !

– …

– Je ferai sauter la contredanse ! Revenons à la polka, euh, je veux dire à Paul K.

ÉCRIRE LES CROCHETS

Outre leur emploi pour signifier qu'une partie du texte proposé a été supprimée, on trouve les crochets dans les livres de poésie. En effet, lorsque le vers est trop long pour être logé dans une ligne, l'utilisation du cochet permet de faire comprendre qu'au-dessus ou au-dessous du vers incomplet, se trouve sa fin.

Dans un dictionnaire, la transcription phonétique d'un mot – à l'aide de l'alphabet phonétique international – est proposée entre crochets (les indications concernant l'étymologie figurent entre parenthèses).

Les majuscules

Nous l'avons échappé belle : la majuscule, mise à la mode au IXe siècle, a failli devenir obligatoire au début de chaque nom commun à la fin du XIVe siècle, alors que les noms propres s'écrivaient avec une minuscule. C'était le monde à l'envers ! Depuis, tout s'est arrangé, notamment à partir du XVIe siècle : on met une majuscule aux noms propres et une minuscule aux noms communs.

Mais cette règle, simple en apparence, comporte de nombreux aménagements ou exceptions, détaillés dans les pages qui suivent.

Majuscule et lettre capitale

Au temps de l'imprimerie, les caractères disponibles étaient disposés dans une caisse à casiers, appelée la casse. En haut se trouvaient les grandes lettres : les capitales (de *caput*, en latin, la tête, le sommet) ; au milieu étaient rangées les petites capitales ; et en bas s'entassaient les plus nombreuses : les bas de casse, ou lettres minuscules.

Attention : lettre majuscule et lettre capitale ne sont pas forcément synonymes. On met une majuscule au début d'un paragraphe, après un point pour commencer une nouvelle phrase, au début d'un nom propre, d'un prénom. On peut écrire un nom propre entièrement en capitales, mais seule la première lettre sera une majuscule. Ainsi, dans le mot TARD, seule la lettre T est une majuscule, mais toutes les lettres sont des capitales.

Majuscule et adjectif

En français, la règle générale est de ne pas mettre de majuscule à l'adjectif (mais il y a des exceptions…) : on écrit *un Français* (nom propre), mais *un peintre français* (français prend ici une minuscule parce qu'il est adjectif qualificatif) ; *un Espagnol*, mais *un poète espagnol* ; *un Polonais*, mais *un compositeur polonais* ; *un Québécois*, mais *un informaticien québécois* ; *un Peau-Rouge*, mais *des Indiens peau-rouge* ; *un Francilien*, mais *un automobiliste francilien* ; *le Pays basque* ; *le Massif central*.

L'adjectif peut prendre une majuscule s'il est placé avant le nom qu'il qualifie et si ce nom prend aussi une majuscule : *la Grande Ourse*, *la Seconde Guerre mondiale*, *le Nouveau Testament*, *le Moyen Âge*.

Il prend une majuscule s'il est lié au nom par un trait d'union : *la Croix-Rouge* ; *la Comédie-Française*.

Majuscule et géographie

En géographie aussi, l'adjectif prend une majuscule lorsqu'il est lié au nom qu'il qualifie par un trait d'union : les États-Unis d'Amérique ; les États-Unis du Mexique ; le Royaume-Uni ; les Pays-Bas ; les Provinces-Unies ; le massif du Mont-Blanc (Mont-Blanc est le nom donné au massif dont le mont Blanc fait partie) ; les îles du Cap-Vert ; les îles Anglo-Normandes.

Si l'adjectif est l'élément qui caractérise l'ensemble, il prend une majuscule, le nom n'en prenant pas : la mer Rouge (la caractéristique de cette mer, parmi toutes les mers est cette dénomination : Rouge) ; la mer Noire ; la mer Morte ; le lac Majeur ; le golfe Persique ; l'océan Pacifique ; le cap Vert ; le mont Blanc ; les montagnes Rocheuses ; le bassin Parisien ; le pôle Nord, le pôle Sud ; l'hémisphère Nord ; l'hémisphère Sud (dict. Petit Robert : hémisphère nord, p. 1255 ; hémisphère Nord, p. 2693).

L'adjectif qui précise la partie du nom propre concernée ne prend pas de majuscule : l'Afrique noire ; l'Asie centrale ; l'Europe centrale ; la haute Égypte ; la basse Seine ; le haut Poitou ; le basse Bretagne (mais si on considère leur entité historique, on peut écrire le Haut-Poitou, la Basse-Bretagne) ; l'Amérique centrale (mais on trouve aussi l'Amérique Centrale).

Majuscule et nom

Seul le mot caractéristique – celui qui distingue l'ensemble nommé et lui donne sa particularité – prend (ou conserve) la majuscule : la fête des Pères ; la fête de la Musique ; le parc Monceau ; le jardin des Tuileries ; l'université de la Sorbonne ; le tropique du Capricorne ; le tropique du Cancer ; la butte Montmartre : la rue de la Renaissance ; le pays de Galles ; le pas de Calais (le détroit entre la France et l'Angleterre) ; la cordillère des Andes ; l'île de la Réunion ; l'île de France (ancien nom de l'île Maurice) ; le royaume de Belgique ; la république d'Haïti ; la principauté de Monaco ; le cimetière du Père-Lachaise ; la tour Eiffel ; la tour Montparnasse ; la tour de Babel.

La majuscule est employée lorsque la préposition est unie aux deux noms par un trait d'union : le Pas-de-Calais (le département) ; l'Île-de-France (la région parisienne).

Majuscule et côte

Lorsque le mot caractéristique accompagne le nom *côte*, les deux termes prennent une majuscule :

la Côte d'Opale (de la baie de Somme à Dunkerque) ; la Côte d'Albâtre (du Havre au Tréport) ; la Côte d'Émeraude (Dinard, Saint-Malo) ; la Côte d'Amour (région de La Baule) ; la Côte d'Argent (de l'embouchure de la Gironde à celle de la Bidassoa) ; la Côte d'Or (ligne de hauteurs qui domine la plaine de la Saône ; mais on écrit le département de la Côte-d'Or).

Majuscule et institutions

Si ce sont des institutions, des organismes uniques dans le pays, ils sont considérés comme des noms propres et prennent une majuscule au premier nom, ainsi qu'à l'adjectif si celui-ci précède le nom – le complément du nom prend une minuscule : les Archives nationales (mais *les archives départementales*, sans majuscule à *archives*, car elles n'ont pas un caractère unique dans le pays) ; le Conseil des ministres (il n'y a en qu'un en France) ; la Cour de cassation (mais *la cour d'appel*, car il y en a plusieurs dans l'Hexagone) ; le Quai d'Orsay ; l'Assemblée nationale ; l'École polytechnique ; l'École centrale ; l'École nationale d'administration (ENA) ; l'École normale supérieure ; le conseil général (il y en a un par département) ; le conseil régional (un par région) ; la mairie de Valenciennes (une mairie dans chaque ville) ; la mairie de Paris.

Majuscule et poésie

En poésie classique – celle qui respecte les règles précises de la prosodie, de la métrique, pratiquée jusqu'à la fin du XIXe siècle –, chaque vers commence par une majuscule, même s'il se situe au milieu d'une phrase.

Je fais souvent ce rêve étrange et pénétrant
D'une femme inconnue, et que j'aime, et qui m'aime,
Et qui n'est, chaque fois, ni tout à fait la même
Ni tout à fait une autre, et m'aime et me comprend.
Paul Verlaine, « Mon rêve familier »

Majuscules et points cardinaux

Les points cardinaux s'écrivent avec une minuscule : le nord, le sud, l'est et l'ouest. Mais lorsqu'ils désignent une région géographique précise, dans un ensemble donné, ils prennent une majuscule.

En France, l'Ouest bénéficie d'un climat océanique ; dans l'Est les écarts de température sont plus importants. La conquête de l'Ouest est le sujet de centaines de films. Le Nord canadien est le pays des Inuits. Le Sud marocain est le domaine du désert. L'Afrique du Sud est une destination touristique à la mode.

Attention, si le point cardinal possède un complément, il s'écrit alors sans majuscule.

Dans l'ouest des États-Unis, on traverse des villes immenses. Nous partons en vacances dans le sud de l'Italie.

Majuscule et nom de lieu

L'article placé devant le nom de la ville, du village ou du lieu-dit prend une majuscule. La préposition (*de, en, lès, sur, sous,* etc.) placée au centre n'en prend pas.

Le Pont-de-Beauvoison ; La Roche-sur-Yon ; La Ferté-sous-Jouarre ; Rezé-lès-Nantes (lès signifie près de) ; Lussac-les-Châteaux (*les* est ici l'article et signifie qu'on trouve des châteaux à Lussac).

Majuscule et antonomase

L'antonomase est la transformation d'un nom propre en nom commun, ou l'inverse. Lorsqu'un nom propre devient un nom commun, il prend une minuscule.

Un ampère (unité en référence au savant Ampère)*, une poubelle* (du nom d'un préfet de la Seine)*. Le champagne est un vin de Champagne ; le bordeaux est un vin de la région bordelaise ; les côtes-du-rhône sont un vin des côtes du Rhône ; un chinon est un vin de la région de Chinon, un saumur, de la région de Saumur ; le cantal est un fromage du Cantal ; le hollande est un fromage de Hollande.*

Lorsqu'un nom commun devient un nom propre, il prend une majuscule.

Le *Créateur* désigne, dans les religions monothéistes, *Dieu*. Dans ces mêmes religions, *Dieu*, nom commun à l'origine, prend une majuscule – dieu unique, il se passe de l'article défini –, alors que dans l'antiquité grecque, Apollon est *le dieu* de la beauté, des arts, Hermès, *le dieu* des voyageurs, des marchands et des voleurs, Zeus, *le dieu* suprême de l'Olympe. *L'Empire* désigne la période qui *va* de 1804 à 1815, *l'empereur de l'Empire*, c'est *l'Empereur* – Napoléon Ier. Clemenceau est devenu *le Tigre*, de Gaulle, *le Général*, etc. Une *église* est une construction destinée à accueillir des fidèles, une *Église* (avec une majuscule) désigne le pouvoir spirituel sur une communauté de fidèles, on peut appartenir à une *Église* sans aller à l'*église*.

Majuscule et marques

Lorsqu'un objet porte le nom d'une marque déposée, on devrait l'écrire avec une majuscule. Mais si son emploi entre dans le langage courant au point de figurer dans le dictionnaire, on peut s'en abstenir.

*Sur sa **mobylette**, il rapportait un **frigidaire** et un **minitel**, tout en guidant de sa main gauche, pendant qu'il roulait, un **vélosolex** chargé d'une caisse de **kleenex** et de trois boîtes de **rimmel** destinées à sa femme. Avant de partir, pour se donner.du courage, il avait bu deux **martinis** et trois **coca-cola*** (une marque déposée devenue un nom commun peut prendre la marque du pluriel – des *martinis* ; pour *coca-cola*, on trouve tantôt l'invariabilité – des *coca-cola* –, tantôt l'accord – des *coca-colas*).

Majuscule et déférence

La déférence se situe entre la politesse et le respect, tout en alliant les deux. En présence de celui ou de celle à qui on veut en manifester, on peut faire quelque imperceptible courbette, on peut se précipiter pour ouvrir une porte, en fermer une autre. Mais à l'écrit, comment montrer – avec la même discrétion – cette déférence ? Il suffit d'utiliser la majuscule ! Terminer une lettre par : *Veuillez agréer, Monsieur le Directeur…* c'est faire une légère entorse au code d'emploi de la majuscule puisque *monsieur* et *directeur* sont des noms communs, mais cette entorse, cette torsion équivalant à la petite courbette qu'on ferait en présence du même directeur, afin de lui faire comprendre qu'il possède au moins l'avantage de la taille, et que, dans l'entreprise, il est le plus grand…

De même, par déférence – ou par respect – on écrira : *Monsieur le Président, Madame la Directrice*. Attention, cependant, à l'inflation des majuscules dans la correspondance : entre la déférence et l'obséquiosité, la différence est minuscule…

Majuscule et accent

L'impression – la quasi-certitude pour certains – qu'il ne faut pas accentuer les majuscules vient du fait que les premières machines à écrire provenaient de pays anglophones où on n'emploie pas d'accents. Sans réfléchir davantage, beaucoup ont élaboré, pour la langue française, une sorte de règle d'orthographe à partir de cette omission. Elle provient aussi de la difficulté à accentuer certaines majuscules calligraphiées. Or, la majuscule doit être accentuée si on veut éviter qu'apparaissent d'étonnants contresens – l'accentuation étant désormais très facile à effectuer au moyen du traitement de texte. Ainsi, un poissonnier qui affiche sur sa vitrine : POISSON SALE, vend-il du poisson salé, ou du poisson sale ? Et si on lit à la une d'un journal : HOLD-UP : LE TIREUR TUE, a-t-il tué ou est-il tué ? LES PARENTS D'ELEVES INDIGNES : les parents sont-ils indignes – ou sont-ce les élèves ? – ou indignés ? Et que signifie : LES RETRAITES EN CONSTANTE AUGMENTATION : s'agit-il des retraites ou des retraités ? Enfin, qu'abrite vraiment le PALAIS DES CONGRES ? Difficile maintenant de ne pas juger l'omission de l'accent grave grave…

Majuscule et responsabilités

Les fonctions occupées par les serviteurs de l'État doivent être écrites en minuscule ; seul le portefeuille est en majuscule pour un ministre.

Le ministre des Finances, le ministre de l'Intérieur, le ministre de l'Éducation nationale.

Le chef du gouvernement est *le Premier ministre*. Le chef de l'État est *le président de la République*. Le représentant de l'État dans les départements est le préfet – mais si vous lui envoyez une lettre, montrez-vous déférent : Monsieur le Préfet…

Majuscule et saints

Lorsqu'on parle du personnage qui, après une vie de privations de toute sorte, a bien mérité le titre de saint – beaucoup moins envié aujourd'hui… –, on écrit son grade en minuscule, suivi de son nom : *saint Martin, sainte Martine, saint François, sainte Françoise, saint Sosthène.* On écrit *saint* avec une minuscule dans *Jeudi saint, Vendredi saint, Samedi saint.* Si on abrège le mot *saint,* on met alors une majuscule : *St Camille, Ste Camille, St Polycarpe.*

Le mot *saint* prend une majuscule dans les noms de fêtes, d'églises, de lieux, etc. De plus, il est relié au nom du saint par un trait d'union : *la Saint-Valentin est la fête des amoureux ;*

*les feux de la Saint-Jean illuminent la campagne ; l'église
Saint-Sulpice possède deux tours ; le fleuve Saint-Laurent
passe à Montréal ; à Paris, le faubourg Saint-Antoine s'étend
de la Bastille à la Nation.*

Majuscules et fêtes

On écrit : l'Épiphanie ; la Mi-Carême ; le Mardi gras ; la
Pentecôte ; le Premier de l'An ; le Nouvel An ; la fête du
Travail ; l'Ascension ; l'Assomption ; la Toussaint ; le jour des
Morts ; la semaine de la Poésie ; la journée de la Femme ; la
journée de l'Homme (pourquoi pas…) ; la journée interna-
tionale des Droits de l'homme.

Majuscule et particule

La particule n'étant pas forcément une marque de noblesse
(les rois s'appelaient simplement *Capet*, et non *de Capet*…),
la préposition *de* est écrite dans tous les cas en minuscules,
sauf si deux prépositions se suivent, ainsi, on écrit : les discours de *De Gaulle*, les œuvres de *Du Bellay*.

Majuscule et Histoire

L'Histoire ou *l'histoire* ? En utilisant ou non la majuscule, on
peut faire la différence entre l'épopée d'un pays, d'un peuple
ou du monde, et la narration d'événements divers, imaginai-
res ou non, dans des romans, des nouvelles, des essais, etc.
Cette distinction entre *Histoire* et *histoire* n'est pas obliga-

toire ; certains écrivains l'appliquent, d'autres la jugent inutile. Vous avez le choix !

On écrit : la Grande Guerre, la Guerre de cent ans, le Premier Empire, le Second Empire, le Saint-Empire romain germanique, l'Empire britannique, l'empire du Milieu (minuscule à *empire* car le nom caractéristique se situe après), la monarchie de Juillet (majuscule à *Juillet*, élément caractéristique) l'Antiquité, la Renaissance, l'Ancien Régime, la Régence, la Restauration, les Trente Glorieuses, les Temps modernes, la Belle Époque, la Cinquième République ; la guerre de Sécession ; le serment du Jeu de paume ; la Déclaration des droits de l'homme et du citoyen. Les noms de dynasties bâties sur un nom propre prennent une majuscule : les Mérovingiens (Mérovée), les Carolingiens (Charlemagne), les Capétiens (Hugues Capet)

Les surnoms donnés en Histoire prennent une majuscule : Charles le Chauve, Richard Cœur de Lion, Philippe le Bel, Jean sans Peur, la Pucelle d'Orléans.

Majuscule, jours et mois

Les noms de jours et de mois sont des noms communs, ils ne prennent pas de majuscule : *Ouvert du lundi au samedi, fermé le mercredi.*

Lorsqu'on écrit une date sur un tableau, une feuille, la première lettre prend une majuscule, mais ce qui suit n'en nécessite pas.

*Lundi 2 décembre 1805, j'ai gagné – signé : Napoléon.
Dimanche 18 juin 1815, j'ai perdu – signé : Napoléon. Le
samedi 5 mai 1821, je suis mort – signé : Napoléon.*

Majuscule et sciences

Le nom des planètes, des étoiles, des constellations prend
une majuscule.

*Pour que les hommes aillent sur Mars, il faudrait d'abord y
envoyer les femmes. La Lune tourne autour de la Terre. La
planète Vénus tourne dans le sens inverse des autres planètes. L'étoile Polaire se situe dans le prolongement du bord de
la Grande Ourse. La Voie lactée est la partie la plus visible de
la galaxie dans laquelle nous nous trouvons.*

En dehors du contexte de l'astronomie, les mots *lune*, *terre* et
soleil, ne prennent pas de majuscule.

On écrit *l'ère primaire, l'ère secondaire, l'ère tertiaire.*

Majuscule et titre

Le premier mot d'un titre prend une majuscule. Si ce mot est
un déterminant, on met une majuscule au premier mot qui
suit, dans un souci de classement – dans les listes, le déterminant apparaît souvent à la fin : *Misérables (Les)*. Si le premier mot après le déterminant est un adjectif, il prend une
majuscule, de même que le nom qu'il qualifie : *Le Petit
Chose ; Le Grand Meaulnes*. La majuscule dès le premier mot
est nécessaire ; en effet, lorsque deux titres ne diffèrent que
par le déterminant, on peut ainsi les différencier.

Avez-vous lu Les Chouans de *Balzac* ?
Avez-vous vu les Chouans *de Philippe de Broca, film sorti en 1988, avec Sophie Marceau, Philippe Noiret, Lambert Wilson* ?
Le titre du livre de Balzac est *Les Chouans*, le titre du film de Philippe de Broca est *Chouans*.

On dit, on prononce, on écrit

A et À

Un doute pour écrire *a* ? Met-on un accent, n'en met-on pas ? Il suffit, pour le savoir, de remplacer *a* par *avait* : si la phrase possède encore du sens, c'est que ce *a* est le verbe avoir à la troisième personne du singulier (j'ai, tu as, il *a*) ; si la phrase n'a plus de sens, c'est qu'il faut écrire *à*, avec un accent grave – la préposition.

Le cigogneau a demandé à sa maman comment les bébés naissent (*Le cigogneau avait demandé…* cette phrase a du sens, donc on écrit *a*, il s'agit du verbe avoir ; *Le cigogneau a demandé avait sa maman…* cette phrase n'a pas de sens, donc on écrit à, il s'agit de la préposition).

À et de

Pour établir un lien d'appartenance, de possession, on utilisait indifféremment, en ancien français, *à* ou *de*. Depuis le XVIIᵉ siècle, seule la préposition *de* est employée : *Voici la correspondante de Lisa* (et non *...à Lisa*) ; *C'est le portefeuille de Louis* (et non *...à Louis*). La préposition *à* subsiste dans certaines expressions : *la bande à Bonnot, un fils à papa*.

À et en

Dit-on : « Je vais *à* ou *en* Avignon » ? L'utilisation particulière de la préposition *en* devant Avignon est née en Provence, et, même si elle continue d'y vivre, l'utilisation de la préposition *à* est nécessaire devant Avignon qui est une ville et non une région ou un pays : « Je vais *à* Avignon. »

À et ou

Attention : avez-vous imaginé ce que peut être la réalité lorsque vous dites : « Cinq à six personnes attendaient l'ouverture du magasin. » « Cinq à six » personnes ? Cinq personnes un quart ? Cinq personnes et demie ? Remplacer la préposition *à* par *ou*, et dire « cinq ou six personnes » permet d'imaginer soit cinq, soit six personnes, sans vivisection, sans demi-portion...

Ab...

Les mots commençant par *ab* ne prennent qu'un *b* sauf : abbé, abbatiale, abbaye, abbesse.

Abasourdir

Le s du verbe *abasourdir* se prononce z.

Abhorrer

Le verbe *abhorrer* est l'équivalent de détester. Il ne faut pas le confondre avec *arborer* qui signifie montrer avec ostentation, qu'il s'agisse d'un drapeau, d'un insigne, d'un sourire, d'une opinion...

Aborigène

Dans *aborigène*, on trouve le mot origine. Un *aborigène* habite son pays depuis des générations, presque depuis les origines. On donne surtout ce nom au peuple australien installé depuis des millénaires sur son continent, avant l'arrivée des Hollandais puis des Anglais. Les termes parents d'*aborigène* (et non arborigène) sont : autochtone, indigène, naturel, natif.

Abréviations

Monsieur s'abrège ainsi : M. et non Mr qui est l'abréviation pour l'anglais Mister. Au pluriel on écrit, pour messieurs : MM.
M. Dupont, Mr Pickwick.
MM. Dupont et Martin.
Mademoiselle s'abrège ainsi : Mlle
Mlle Dupont (au pluriel : Mlles).
Madame : Mme
Maître : Me
Monseigneur : Mgr

Cependant, en France, pour la correspondance, on n'abrège pas les appellations et les titres.

Accaparer

Le verbe *accaparer* doit être suivi d'un complément d'objet direct (il est transitif direct) : on *accapare* quelqu'un ou quelque chose. On ne doit pas l'employer à la voie pronominale : le verbe *s'accaparer* n'existe pas.

Accents

Pas d'accent circonflexe sur bateau (ne pas confondre avec bâtiment), aromate, aromatiser, atome, boiter, boiteux chalet, chapitre, chute, cime, colon (le colonisateur), déjeuner, dévot, drolatique, égout, fantomatique, fibrome, gaine, gracier, gracieux, haler (tirer une charge), havre, infamant, moelle, pédiatre, psychiatre, psychiatrie, pupitre, racler, symptomatique, tache (de café, de sang), zone.

Un accent circonflexe dans abîme (le chapeau de la cime est tombé dans l'abîme), aîné, arôme, bâbord, bêtise, boîte (de carton par exemple), boîtier, côlon (l'intestin), dîme, diplôme, épître, flâner, flûte, fût (de colonne, de vin ou de fusil), gîte, hâler (bronzer), infâme, jeûner, piqûre, symptôme, tâche (le travail).

Acception, acceptation

L'*acception* est la signification d'un mot, d'une expression. L'*acceptation* est le fait de consentir à quelque chose, de l'accepter.

Accommoder

Accommoder, de même que *raccommoder*, prend deux *c* et deux *m*.

Accueil

Dans *accueil*, accueillir, on inverse le *e* et le *u* du son *eu*. Si on omet de le faire et qu'on écrit acceuil, cela se prononce *asseuil*...

Il en est de même pour cueillir, recueil, recueillir, cercueil, écueil...

Acquit, acquis

Un *acquit* est la reconnaissance écrite d'un paiement ; *acquit* est le nom dérivé du verbe acquitter. Si on ne veut avoir ni remords ni regrets, on agit *par acquit de conscience* (avec un *t* et non un *s*).

Acquis (avec un *s* final) est le participe passé du verbe acquérir : *J'ai **acquis** ce bien il y a deux jours*. C'est aussi un adjectif : *Les avantages **acquis** ne seront pas remis en cause*. C'est enfin un nom commun : *Les **acquis** de votre enfant en orthographe sont sans doute comparables aux vôtres, si on fait confiance à la génétique.*

Ad...

Les mots commençant par *ad* ne prennent qu'un *d* sauf : *addenda* (ajout fait à un ouvrage), addition, adduction, addiction (toxicomanie, boulimie...) et leurs dérivés.

Adhérent, adhérant

Un *adhérent* est celui qui adhère, s'inscrit à une association, un parti politique, un club, etc. *Adhérant* est le participe présent du verbe adhérer. Il peut faire partie d'un gérondif : ***En adhérant à ce club de joueurs de flûte, vous bénéficiez d'un stage à Hamelin***. Il peut jouer son rôle de participe présent dans une phrase : *Tout individu **adhérant*** (on peut remplacer *adhérant* par *qui adhère*, il a donc la valeur d'un verbe, au participe présent ici) *à ce club de joueurs de flûte en devient un **adhérent*** (*adhérent*, précédé d'un déterminant, est nom commun).

Adjectif verbal

L'adjectif verbal se termine par ...*ant* ou ...*ent*, il est variable. Le participe présent se termine par ...*ant*, il est invariable. Les verbes en *guer* gardent le *u* du radical au participe présent. Ce *u* disparaît dans l'adjectif verbal.

Pour reconnaître l'un de l'autre, on peut dire que, généralement, le participe présent peut être remplacé par une subordonnée conjonctive, l'adjectif verbal (en position d'épithète) par une subordonnée relative.

Cet enfant fatigant (pas de *u*) *sera réprimandé.*

Fatiguant ses parents, cet enfant sera privé de dessert. (Parce qu'il fatigue ses parents..., fatiguant, participe présent, peut devenir une subordonnée conjonctive.)

Émergeant de la crise économique, ce pays est en voie de redressement.

Ce pays émergent (qui émerge, l'adjectif verbal épithète peut devenir une subordonnée relative) *n'aura pourtant pas un taux de croissance élevé.*

Naviguant près de la côte, le bateau a coulé.

Le personnel navigant est en grève.

En le convainquant, vous gagnerez.

Ce n'est pas un vendeur convaincant, il perdra le marché.

Provoquant la foule, il se met en danger.

Ses propos provocants lui nuisent.

Adverbes

On ajoute *...ment* aux adjectifs qualificatifs masculins terminés par *ai, é, i, u,* pour former l'adverbe de manière.

Ex : vraiment (attention, exception : gaiement), posément, désespérément, joliment, éperdument (attention : assidûment, continûment, crûment, dûment, goulûment, indûment prennent un accent circonflexe sur le *u*). Certains adjectifs terminés par e changent ce e en é : aveugle, aveuglément.

À partir des adjectifs terminés par *...ant* ou *...ent* on forme les adverbes de la façon suivante : brillant, brillamment ; constant, constamment ; courant, couramment ; élégant, élégamment ; méchant, méchamment...

apparent, apparemment ; différent, différemment ; évident, évidemment ; fréquent, fréquemment ; intelligent, intelligemment ; négligent, négligemment ; patient, patiemment ; prudent, prudemment...

Aéro et aréo

Aéro signifie air ; on le trouve dans aéroport, aérodrome, aéroclub, aéronaval...

Aréo évoque Arès, le dieu de la guerre chez les Grecs. On le trouve dans *aréopage* qui désignait un tribunal siégeant sur la colline d'Arès à Athènes, mais qui désigne aujourd'hui une assemblée de personnes très compétentes dans un domaine précis.

L'aréopage attendait dans l'aéroport.

Affaire à

On a *affaire à* quelqu'un, on peut *avoir affaire à* la justice. On a *à faire* face à quelqu'un. On a *à faire* son devoir de citoyen en respectant le code de la route, sinon on a *affaire à* la maréchaussée !

Ag...

Les mots commençant par *ag* ne prennent qu'un *g* sauf : agglomérer, agglutiner, aggraver et leurs dérivés.

Agonir, agoniser

Agonir vient de l'ancien français ahonir qui signifie déshonorer, insulter. Par exemple, un gardien de zoo peut *agonir d'injures* un éléphant qui lui monte sur le pied. *Agoniser*, c'est entrer dans les souffrances de l'agonie. Par exemple, dans le même zoo, si un vieil éléphant malade voit sa fin approcher, on dira de lui qu'il agonise. *Agonir* se conjugue comme le verbe finir (on doit donc dire, à l'imparfait : « *Hier, il agonissait l'éléphant d'injures, aujourd'hui, il l'a encore agoni d'injures.* ») ; *agoniser* se conjugue comme le verbe aimer : *Le vieil éléphant malade agonisait dans un coin, il a agonisé toute la nuit.*

Aigu

Aigu fait au féminin aiguë, le tréma se met sur le e et non sur le *u*. Il en est de même pour ambigu, féminin de *ambigu*, exiguë, contiguë. On écrit ambiguïté, exiguïté, contiguïté avec le tréma sur le *i*.

En 1975, malgré la règle en vigueur qui précise que le tréma doit être mis sur la deuxième voyelle, l'Académie proposait que celui-ci soit placé sur le *u* dans tous les mots précédents ; elle proposait aussi d'écrire gageüre, mangeüre, vergeüre, argüer.

Le Conseil supérieur de la langue française a réitéré ces propositions en 1990. L'usage n'a pas suivi, la règle demeure ce qu'elle était : on met le tréma sur la seconde voyelle.

À l'attention de, à l'intention de

Sur un document, une lettre, un message qu'on destine à quelqu'un de précis, on écrit *à l'attention de...*. Ce message peut inviter le destinataire à se joindre à une soirée entre amis organisée *à l'intention de* quelqu'un dont on fête l'anniversaire, la fête ou le retour d'un long séjour au soleil (ou à l'ombre...).

Aller et retour

On écrit *des aller et retour*, ou *des aller-retour*. Cependant, l'invariabilité de l'expression n'est pas toujours respectée, et on rencontre *des allers et retours* ou *des allers-retours*.

Almanach

Almanach se prononce *almana*.

Alors que

Cette locution conjonctive exprime l'opposition. Elle doit être employée en entier. Or, ce n'est pas toujours le cas. En effet on entend parfois le *que* seulement, amputé de son *alors*. La phrase comporte ainsi un « vide » fautif que ne perçoivent pas ceux qui en sont responsables : *Muriel a toujours aimé la lecture, que son frère, lui, préfère le sport !* (au lieu de la forme correcte : *...alors que son frère...*) ; *Cet abonnement vous permet une certaine souplesse d'utilisation, que l'autre, moins cher, est plus rigide* (au lieu de : *... alors que l'autre, moins cher, est plus rigide*).

Alternative

Une alternative contient l'idée de deux possibilités. Il est incorrect d'employer *double alternative* lorsqu'on veut parler de deux choix possibles.

Être ou ne pas être. Il hésite devant cette alternative.

Je suis placé devant cette alternative : partir ou rester. La première possibilité me comblerait.

On entend de plus en plus l'emploi du mot *alternative* pour désigner une solution de remplacement : *Existe-t-il une alternative au transport par la route ?* Dans ce cas, c'est le sens anglais qui est utilisé. On peut alors remplacer *alternative* par choix : *Existe-t-il un autre choix que celui du transport par la route ?*

Amour

Au singulier, *amour* est masculin dans la majeure partie des cas, mais on peut le rencontrer au féminin en poésie. Au pluriel, les deux genres sont utilisés ; toutefois, le féminin pluriel est réservé à la passion amoureuse.

Années

« Cela se passait dans les années 1980... » signifie que l'on fait allusion à des années commençant toutes par 1980 (81, 82, 83, etc. jusqu'à la fin de la décennie). Dire « Cela se passait dans les années 1982... » est une double erreur car d'une part, il n'y a qu'une année 1982, et d'autre part, 1982 n'indique pas une période décennale.

Ap...

Les verbes commençant par *ap* prennent deux *p*, sauf apercevoir, aplanir, aplatir, apeurer, apaiser, apitoyer, apostropher, apostiller, apurer.

Appas, appâts

Les *appas* d'une femme (ce qui, chez elle, attire physiquement) peuvent faire succomber le pécheur. Mais, aux *appâts* du pêcheur, ce sont les poissons qui succomberont.

Argent

À quelqu'un qui disait un jour : « J'ai tellement d'argent que je ne sais plus où la mettre », il fut répondu : « Mettez donc votre argent d'abord au masculin ! ». En effet, argent n'est pas du genre féminin mais masculin. La monnaie, les pièces contaminent sans doute ce mot de leur féminin.

Aucun

Lorsqu'ils sont adjectifs indéfinis, *aucun* et *aucune* possèdent une valeur négative : *Nous n'avons remarqué aucune erreur dans ce texte*. Ils sont rarement employés au pluriel, sauf devant les mots qui n'ont pas de singulier : *aucuns frais, aucuns honoraires, aucunes royalties, aucunes rillettes*. Le pronom indéfini *aucun* s'emploie la plupart du temps au singulier, sauf lorsqu'il est précédé de *d'*, il signifie alors certains : *D'aucuns ne partagent pas votre analyse de la situation*.

Au temps pour moi !

C'est ainsi que l'on s'excuse parfois auprès des autres pour avoir fait une erreur, et c'est ainsi que l'on doit écrire cette expression (et non *autant pour moi* !). *Au temps* fait partie du vocabulaire équestre, militaire, sportif et musical ; cela signifie qu'il faut revenir au temps où devait commencer un mouvement. Si on écrit *autant pour moi*, on emploie l'adverbe de quantité *autant* ; cet emploi est justifié lorsqu'une égalité est exprimée : *Ma voisine a réservé deux places de théâtre ? Réservez-en autant pour moi, et autant pour son mari.*

Autre

Dans l'expression *entre autres*, *autres* est au pluriel : *Verlaine, Rimbaud, Baudelaire, entre autres, figurent sur le tableau.* On écrit *de temps à autre* (*autre* au singulier).

Auxerre

On prononce *Au-ss-erre*, *au-ss-errois* (et non *Aukserre*, *aukserrois*).

Avatar

Le mot *avatar* vient de la religion hindoue où il signifie métamorphose. On doit donc l'utiliser pour désigner des changements, des modifications d'ensemble, des transformations, mais en aucun cas *avatar* ne désignera des difficultés, des problèmes ou des ennuis.

Avérer

Ce verbe vient du latin *verus* qui signifie vrai. Dire d'une information qu'elle est avérée signifie donc qu'elle est vraie. À la voie pronominale, *s'avérer* ne peut être suivi de vrai, car *s'avérer vrai* est un pléonasme, ni de faux, car *s'avérer faux* est une contradiction. Dans le doute, le verbe *s'avérer* peut être remplacé par se révéler.

Cette nouvelle vient d'être avérée.

Les solutions proposées se sont révélées fausses (et non ... se sont avérées fausses).

Sa résistance à l'adversité s'avère étonnante.

Arobase @

On connaît bien ce petit signe qui figure dans toutes les adresses électroniques. Mais quelle est son histoire ? Son destin est singulier : il est né depuis des siècles, et personne ne s'accorde sur son nom ni sur son lieu de naissance. Il serait apparu sous la plume des copistes pratiquant l'*onciale* (lettre arrondie) au Moyen Âge. En écrivant l'*ad* latin (qui signifie à), ils auraient tracé une sorte de @. Longtemps utilisé par les Anglo-Américains pour désigner des prix (*4 books @ $ 25 signifiait* : 4 livres à 25 $ l'un), il fut adopté par Ray Tomlinson en 1972 pour séparer sans risque de mélange de lettres le nom de l'émetteur de celui du fournisseur d'accès. En français, la ressemblance avec un signe espagnol, l'*arroba* (11,5 kg) a conduit à la création flottante *arobas* ou *arobase* ou *arrobas* ou *arro-*

base. *Arobase* semble s'imposer, avec le genre féminin. On l'appelle aussi *à commercial*. L'@ se prononce *at* en anglais.

Avoir l'air

Lorsqu'on parle d'une personne, on peut accorder avec le sujet si on considère que *avoir l'air* a le sens de paraître, sembler. *Cette conférencière a l'air (d'être) intéressante. Elle n'a pas l'air très contente.*

On accorde avec *air* lorsqu'on parle de la physionomie, de l'allure de la personne.

Cette conférencière a l'air sérieux.

S'il s'agit d'une chose, on accorde avec le sujet.

Ces pommes ont l'air bonnes.

Bagout

Pas d'accent circonflexe pour ce mot qui désigne un débit de paroles à la fois généreux et fatigant (on trouve aussi l'orthographe *bagou*) : *Ce représentant en fatalatapouettes a du bagout, il sait vendre sa marchandise.*

Banal

Au sens propre, le masculin pluriel est banaux.
Au sens figuré, le masculin pluriel est banals.
Les fours banaux du Moyen Âge.
Les propos banals de mon voisin.

Balade, ballade

Une *balade* est une promenade.

Une *ballade* est une forme fixe en poésie, c'est, par extension une chanson.

Bat-flanc

Le premier terme de ce mot composé désignant la pièce de bois qui sépare les chevaux dans une écurie, ou bien la cloison dans un dortoir, vient du verbe battre. Le *bat-flanc* est donc ce qui, sans le battre forcément, est en contact avec le flanc. On écrit au pluriel : des *bat-flanc*.

Battre son plein

Une curieuse interprétation de cette expression a conduit certains à affirmer qu'on ne devait pas mettre au pluriel *son plein* car, d'après eux, il s'agit d'un *son plein*, d'un volume sonore maximum ; ils pensent ainsi qu'il faut dire : *Les fêtes battent son plein*. Or dans *battre son plein*, *son* n'est pas un nom commun mais un adjectif possessif, *plein* étant un nom commun, et l'expression signifie, pour la marée, avoir atteint son maximum, sa plus grande hauteur, c'est-à-dire avoir atteint son plein. *Plein* étant un nom commun, il est donc logique de dire ou d'écrire, par métaphore : *Les fêtes battent leur plein*.

Béni, bénit

Le verbe *bénir* conjugué avec l'auxiliaire avoir ne prend pas de *t* au participe passé : *Le pasteur a béni les alliances*. Pas de *t* non plus lorsque, conjugué avec l'auxiliaire être, *béni* est employé au sens large : *Ces instants sont bénis.* Lorsqu'il s'agit d'objet, on écrit *bénit* : *Ces médailles et ces chapelets sont bénits. L'eau bénite, le pain bénit et les rameaux bénits sont sortis pour la cérémonie.*

Benzène

Le *benzène* est un hydrocarbure aromatique qui entre dans la composition de carburants et de combustibles. Il ne faut pas le confondre avec Bunsen, le chimiste allemand qui a inventé le brûleur à gaz portant son nom : le bec bunsen.

Bonhomme

On écrit *un bonhomme*, mais *la bonhomie*.

Bourg-en-Bresse

Cette charmante ville du département de l'Ain, célèbre pour sa collégiale, ne se prononce pas *Bourre-en-Bresse*, mais *Bourk-en–Bresse*.

Bruxelles

Le *x* de Bruxelles se prononce *ss*. On parle donc de la ville de *Bru-ss-elles*, des choux de *Bru-ss-elles* (et non de *Bru-ks-elles*).

Ça, çà

Ça, signifiant *cela* ne prend pas d'accent grave (*cela* non plus).

Çà avec un accent grave est très peu employé aujourd'hui. Il signifie *ici*. On le rencontre aussi dans l'expression *çà et là*.
Hésiteriez-vous pour ça ?
Venez çà, que je vous parle !

Cahot, chaos

Un *cahot* est un rebond que fait une voiture sur une route au revêtement inégal. L'adjectif dérivé est *cahoteux*.
Un *chaos* est une confusion indescriptible. L'adjectif dérivé est *chaotique*.
La route est cahoteuse.
La situation est chaotique.

Carpentras

On prononce *Car-pen-tra*, sans faire entendre le *s* à la fin.

Cassis

La lettre *s* doit être prononcée lorsqu'il s'agit de la baie noire et comestible qui sert à faire de la gelée ou du sirop. Elle est muette dans la ville de *Cassis* qu'on prononce ca – *ssi.*

Cauchemar

Un *cauchemar* ne prend pas de *d*, mais l'adjectif dérivé est cauchemardesque.

Cédille

On met une cédille sous le *c* pour obtenir le son *s* devant *a, o, u*.

*Les commer**ç**ants que vous avez aper**ç**us et que nous aper**ce**vons vendent i**ci** des cale**ç**ons pour gar**ç**ons.*

Cela dit

Ceci annonce ce qui va être dit.

Cela fait référence à ce qui vient d'être dit.

On doit donc employer *cela dit* (et non ceci dit).

Cet homme est compétent. Cela dit, il n'est pas sans défauts.

Celui-ci, celui-là

Dans une phrase où l'on vient de citer deux éléments, *celui-ci* renvoie à celui qui le précède immédiatement, *celui-là* fait référence à l'autre, plus éloigné.

J'achète une voiture et une peau de chamois. Je mettrai celle-ci dans mon sac et celle-là dans mon garage.

Cent, vingt

Pour être efficace dans le domaine des liaisons avec *cent* et *vingt*, il faut connaître parfaitement la règle d'accord de l'un et de l'autre (voir : « On accorde », p. 54).

Si *cent* n'est pas multiplié et s'il n'y a pas de *h* aspiré au début du mot qui suit, on fait la liaison en utilisant le *t* afin d'éviter l'hiatus.

Si *cent* est multiplié et non suivi d'un autre adjectif numéral, on utilise le *s* pour faire la liaison.

Même règle pour *vingt*.

*Cent-**t**-élèves, cent-**t**-habitants, vingt-**t**-arbres, vingt-**t**-individus.*

*Deux cents-**z**-élèves, deux cents-**z**-habitants, quatre-vingts-**z**-arbres, quatre-vingts-z-individus.*

Cent (pas de liaison) *haricots.*

C'est-à-dire

Deux traits d'union...

Chair, chère

Ce n'est pas parce que *chair* est synonyme de viande qu'il faut écrire *faire bonne chair* quand on a fait un bon repas. En effet, cela ne signifie pas que l'on a dégusté de bons plats, mais qu'on a fait bonne tête, bon visage (*chère* vient ici du bas latin *cara* (dérivé du grec) devenu *chière* en ancien français : visage), bref, qu'on a eu l'air enchanté de recevoir ou d'être reçu. On écrit donc : *Faire bonne chère.*

Chaland

Si ce n'est un bateau, le *chaland* est le client d'une boutique, d'un magasin. On dira donc d'un magasin qu'il est bien achalandé s'il reçoit la visite de nombreux clients.

Chamonix

On dit *Cha-mo-ni*, la lettre *x* devenant un petit flocon qui doucement tombe, en silence.

Chateaubriand, Châteaubriant

Chateaubriand, c'est l'écrivain (1768-1848), grand nom de la littérature qu'il faut prononcer élégamment avec un *a* léger et très ouvert, l'ensemble devant être distingué... (attention au *d* final).

Châteaubriant, c'est la petite ville des Marches de Bretagne, où l'on fabrique des charrues. Dans ce cas, on doit faire entendre l'accent circonflexe du *â*, et fermer avec application le son *ô* (Châtô...), afin de donner à cette localité toute son authenticité rurale (attention au *t* final).

Ce terme désigne aussi une épaisse tranche de filet de bœuf grillé ou poêlé. Les deux orthographes peuvent être utilisées. On peut suggérer cependant que si la préparation de ce plat est particulièrement réussie, on adoptera l'orthographe de l'homme de lettres. Dans le cas contraire, on sanctionnera en utilisant l'orthographe rustique...

Ci-joint, ci-inclus

Ci-joint et *ci-inclus* sont adverbes, donc invariables, lorsque le nom qu'ils précèdent n'est pas lui-même précédé d'un article : *Vous trouverez ci-joint copie de l'article vous concernant.* Placés en tête de phrase, ils sont également invariables : « *Ci-inclus une carte d'identité à votre nom* » ; « *Ci-joint les photos du site.* »

Ci-joint et *ci-inclus* varient s'ils sont employés comme adjectifs qualificatifs : *La carte ci-jointe vous indiquera le chemin à suivre* ; ils varient aussi si le nom qu'ils qualifient est précédé d'un déterminant (article ou adjectif) : « *Vous trouverez ci-incluse la photocopie de votre passeport* » ; « *Vous trouverez ci-jointes nos photos de la cérémonie.* »

Clemenceau

Bien que la prononciation du patronyme du « Tigre » soit *Clémenceau*, on ne met pas d'accent aigu sur le premier e, et on écrit donc : *Georges Clemenceau*.

Commémorer

On *commémore* un événement, la disparition d'un écrivain, d'un peintre, on se remet en mémoire les faits du passé, les dates importantes. On célèbre l'anniversaire d'une naissance. Dire qu'on *commémore un souvenir* est un pléonasme : commémorer et se souvenir, c'est la même démarche.

Compte rendu

Pas de trait d'union dans *compte rendu* qui fait au pluriel des *comptes rendus*.

Conséquent

Ce terme signifie *logique dans sa conduite*. À tort, on lui donne le sens de important, « considérable ».

Cet avare conséquent ne donne jamais un sou de sa fortune considérable.

Consonnes doubles

Les consonnes doubles, dans la plupart des mots qui en comportent (sauf celles situées dans leur deuxième partie), doivent être lues, on doit sentir une insistance légère mais nettement audible afin d'éviter tout doute orthographique et toute hésitation de sens.

*D'i**nn**ombrables réfugiés ont fui les i**n**ondations.*

Pour certains verbes, on doit faire sentir la consonne double au futur ou au conditionnel car il y a un risque de confusion avec l'imparfait.

*Hier, je parcou**r**ais la ville. Je la parcou**rr**ais encore si je ne t'avais retrouvée.*

Côte, cote, cotte

Une *côte* difficile à grimper, une *côte* pleine de récifs, une côte de porc se prononcent avec un *ô* fermé, comme dans hôte.

Une *cote* en dessin industriel, une cote de tableau de maître, la cote du président de la République, tout cela se prononce avec un *o* ouvert comme dans cocotte.

La *cotte* de mailles ou la cotte du travailleur (salopette) suivent la prononciation de la deuxième partie de cocotte.

Le *cotte* est un poisson à large bouche, à grosse tête, et qui vit dans les eaux douces. On l'appelle aussi le chabot.

Coupe sombre

Si on veut exprimer une suppression massive, c'est *coupe claire* qu'on doit employer. Une *coupe sombre*, en forêt, est un léger éclaircissage.

Le ministre va effectuer des coupes claires chez les fonctionnaires.

Courbatu, courbaturé

Il y a longtemps, lorsqu'un cavalier était pressé, il utilisait pour accélérateur la cravache, ce qui avait pour effet d'endolorir le pauvre cheval fourbu à l'arrivée, battu de court, ou *courbatu*. L'adjectif a qualifié chez l'humain un état de fatigue accompagné de douleurs musculaires, les courbatures. Puis est né, au XIXe siècle, le verbe *courbaturer*. On peut donc dire, lorsqu'on a abusé de quelque sport que ce soit : *Je suis tout courbatu* ou bien *Je suis tout courbaturé*, la première formule étant la plus correcte (l'Académie n'a accepté *courbaturé* que récemment).

Crucial

Ce terme désigne l'élément décisif qui permet de confirmer ou d'infirmer une hypothèse.

On a mis en évidence des preuves cruciales.

À tort, on l'emploie pour qualifier un moment critique, fatal.

Cuisseau, cuissot

Le *cuisseau* est une partie du veau située en haut de la cuisse. Le *cuissot*, c'est la cuisse d'un gros gibier : un *cuissot* de cerf, de sanglier.

Dahlia

C'est en l'honneur du botaniste suédois Dahl que la fleur (originaire du Mexique) fut nommée ainsi. On met donc le *h* avant le *l* : *da**h**lia*. Un magnifique bloc-feuillet de timbres de collection représentant cette fleur, émis par La Poste en 1994, portait hélas l'orthographe dahlias...

Davantage, d'avantage

Davantage en un mot peut être remplacé par *plus*, *encore plus* : *Si vous voulez que je produise davantage, il me faut davantage de temps.* À *d'avantage* en deux mots, on peut substituer d'intérêt, de gain, de profit : *Je ne retire pas d'avantage de cette opération* ; pas *d'* peut aussi être remplacé par aucun.

Débuter

Le verbe *débuter* est intransitif, c'est-à-dire qu'on ne peut le faire suivre d'un complément d'objet direct. On ne dira donc pas : *Un lâcher de ballons a débuté la fête*, mais *La fête a débuté par un lâcher de ballons.*

Décade

Une *décade* dure dix jours (calendrier républicain), une décennie dure dix ans.

De concert

De concert définit une entente entre personnes. Ne pas confondre avec *de conserve* qui signifie ensemble, conjointement.
Ils ont agi de concert.
Ils vont de conserve au spectacle.

Décrépi

Un mur est *décrépi* (sens propre). Un vieillard est *décrépi**t*** (sens figuré). Une vieille femme est *décrépi**te***. Un chêne *décrépit* (extension de sens).
Des femmes ridées, fatiguées, décrépites.

De façon que

Incorrect et lourd, le *de façon à ce que* qui se substitue parfois à *de façon que* est à éviter.
Toutes les mesures ont été prises de façon que (et non de façon à ce que) *les victimes soient indemnisées.*

Dégingandé

Dégingandé (dont la démarche est comme disloquée) se prononce *dé-jin-gandé* (*jin* comme dans *geindre*).

Délice

Au singulier, *délice* est masculin ; au pluriel, ce terme est féminin (sauf dans *un de mes grands délices*).

Demeure

Dans la locution *Il y a péril en la demeure*, le terme demeure ne désigne pas la maison, mais vient de l'ancien français *demuere*, lui-même issu du latin *demorari*, et signifiant attente. Il faut donc comprendre : *Il y a péril en l'attente*, autrement dit : *Il est dangereux de rester immobile, sans agir*, et non *Il est dangereux de rester dans la maison...*

Demi

Devant un nom, *demi* est invariable et relié à celui-ci par un trait d'union (de même que *mi*, *nu* et *semi*).
Après le nom, *demi* s'accorde (*mi*, *nu* et *semi* aussi).
Une demi-heure.
Trois heures et demie.
Il est arrivé nu-pieds.

Démystifier, démythifier

Mystifier quelqu'un, c'est le tromper. Le *démystifier*, c'est faire l'opération inverse. C'est aussi dissiper le mystère qui plane autour de quelqu'un ou de quelque chose.
Mythifier un homme, une idée, c'est leur ajouter un caractère de légende, les transformer en mythes. *Démythifier*, c'est ôter

l'extraordinaire du personnage ou de l'idée pour retrouver leur réalité ordinaire.

Les enquêteurs ont démystifié les victimes de l'escroc.

La police a démystifié la pluie de records sportifs de la saison dernière en confirmant les rumeurs de dopage.

Les récentes révélations sur la vie privée de cet homme politique contribuent à démythifier son action.

Ce biographe démythifie Napoléon en ne montrant que ses petitesses.

Dépens

Agir aux *dépens* (sans *d* final) de quelqu'un, c'est faire en sorte que ce soit lui qui dépense l'énergie ou l'argent pour votre profit. Devoir régler les frais de procédure, c'est être condamné aux dépens. Le verbe dépendre se termine par *ds* aux deux premières personnes du singulier du présent de l'indicatif. *Financièrement, je dépends de toi, mais toi, tu ne dépends pas de moi.*

Depuis

Dans ses emplois spatiaux (c'est-à-dire ceux qui désignent des points de l'espace dans lequel on vit), *depuis* gagne souvent à être remplacé par *de*, moins lourd : *Je t'appelle de ma voiture* (et non *depuis ma voiture*).

Derechef

Signifie de nouveau et non sur-le-champ.

Ayant raté son coup, il essaya derechef.

Desiderata

Ce mot – qui est synonyme de désirs, de souhaits – est un pluriel latin, il s'écrit sans s final – et sans accents. Le singulier *desideratum* est rarement employé.

Désuet

Le s ne doit pas être prononcé z, désuet rimant avec (il) suait. On doit aussi entendre **s** et non z dans dé**s**uétude.

Détritus

On prononce *détritu-ss* au singulier et au pluriel. *Détritus* vient du participe passé latin *detritus* qui signifie broyé, usé, écrasé.

Dilemme

Le *dilemme* (qu'on écrit avec deux *m*) est un choix impératif entre deux propositions conduisant l'une et l'autre à de graves conséquences.
Ou bien Rodrigue tue le Comte, père de Chimène, et il perd Chimène, ou bien il se suicide et... il perd Chimène. C'est un dilemme ! (cornélien ici, puisque cette situation se trouve dans *Le Cid*, pièce de Corneille).

Dîner

Dîner prend un accent circonflexe sur le *i* et seulement un *n*. Il ne faut pas le confondre avec le *dinner* anglais (deux *n* et pas d'accent).

Dire

On écrit *au dire de...* et non *aux dires de...*

Dont

Avoir besoin de quelque chose, de quelqu'un, comporte une construction indirecte (présence de la préposition *de*). On doit donc dire *Prenez ce dont vous avez besoin* (le pronom relatif *dont* contient le *de* de la construction indirecte), et non *Prenez ce que vous avez besoin* qui a tendance à se répandre.

On applique la même règle pour *avoir envie de* : *Dites-nous ce dont vous avez envie*.

Dû, due, dus, dues, du

Le participe passé du verbe devoir prend un accent circonflexe sur le *u* seulement s'il ne porte pas de marque d'accord : *Le total **dû** s'élève à 2,98 €. Ne possédant pas cette somme, elle a dû me l'emprunter. Maintenant, elle sait que cette somme m'est **due**, que ces euros me sont **dus**. Si elle ne parvient pas à rassembler ces pièces de monnaie qui me sont **dues**, je lui demanderai de me payer en nature en me donnant **du** pain, **du** vin et **du** marcassin. Du* placé devant *pain, vin* et *marcassin* est un article partitif, il ne prend pas d'accent. *Du* peut aussi être article défini contracté – également écrit sans accent : *Monsieur Marin Sanglier va nous parler du marcassin* (*du* est mis pour *de le*, c'est un article défini contracté avec la préposition *de*).

S'égayer, s'égailler

S'égayer (s'ég-ai(è)-ier), c'est se rendre gai (cela rimerait avec payer).

S'égailler (s'ég-a(a)-iller), c'est s'éparpiller, se disperser, se débander (même sonorité que *empailler*).

E-mail

E-mail signifie *electronic mail*, c'est-à-dire courrier électronique (ne pas oublier le trait d'union entre *e* et *mail*, sinon, on peut lire émail qui fait, au pluriel, émaux...). L'*e-mail* désigne aussi l'adresse électronique. En France, on dit le plus souvent *mail* pour désigner un message électronique. Au Québec où l'on parle français et anglais, on est obligé de dire *e-mail* sinon, on ne peut faire la différence avec *mail, courrier non électronique*. Mais les Québécois qui ont une nette préférence pour les termes français ont inventé *courriel* (**courri**er **él**ectronique). Les Français ont eux aussi imaginé un mot qui évite l'emploi du terme anglais, mais s'en rapproche : *le mél* (**m**essage **él**ectronique). Alors, *e-mail, mail, courriel* ou bien *mél* ? Et si d'autres termes venaient damer le pion à ces quatre concurrents ? Par exemple *messagerie* (sous-entendu : messagerie électronique), ou bien *messages*. On les entend d'ailleurs de plus en plus souvent : *Je viens de lire mes messages ; J'ai consulté ma messagerie*. C'est simple et clair, et c'est l'occasion de donner à des mots qui ont huit cents ans (ils ne les font pas !) une nouvelle jeunesse.

Embonpoint

Devant les lettres *m*, *b*, *p*, on écrit *m* et non *n* : **em**mêler, **em**blavure, po**m**pon, etc. sauf bo**n**bon, bo**n**bonne, bonbon-nière, embo**n**point, néa**n**moins.

Émigrant

Un Français qui s'installe au Québec est un *émigrant* pour ceux qu'il quitte, et un *immigrant* pour ceux qui l'accueillent.

S'ensuivre

Au passé composé de ce verbe, on trouve de plus en plus souvent l'auxiliaire être entre le préfixe (alors détaché) et le reste du verbe : *Il s'en est suivi que...* alors que la conjugaison correcte est *Il s'est ensuivi que...* (pour quelle raison détacher le préfixe ?).

Enivrer

Enivrer se prononce **an**-ni-vrer et non é-ni-vrer (même règle pour le début d'**eni**vrant et d'enivrement).

Entrain

L'*entrain* en un seul mot, c'est l'ardeur, l'énergie. Dans la locution verbale être en train de, *en* et *train* sont séparés.

Éphélides

On appelle *éphélides* les taches de rousseur ou de son qui ajoutent au charme des blondes, des blonds, des rousses, des roux, et finalement de qui que ce soit...

Espèce

On dit *une espèce de*… car *espèce* est du féminin (et non *un espèce de*...).
Une espèce de chanteur animait la soirée.

Étant donné...

Placé avant le nom auquel il se rapporte, *étant donné* demeure invariable : *Étant donné ces éléments nouveaux*… ; *Étant donné les trois solutions proposées*... Placée après le nom, cette expression s'accorde : *Ces solutions étant données*.... (Non) compris, excepté, mis à part, passé suivent la même règle : *Cette location, non compris les charges*.... ; *Cette location, les charges comprises*... ;. *Excepté les vestes et les pantalons gris, tout doit être proposé aux clients ; Les vestes et les pantalons gris exceptés, tout a été rangé.*

... et autres...

Cette locution n'annonce pas le dernier terme d'une énumération mais la catégorie dans laquelle se classe tout ce que l'on vient d'énumérer.
Les carottes, poireaux, choux et autres légumes.
Les écrivains, peintres, sculpteurs et autres artistes.

Les Citroën, Renault, Peugeot et autres voitures (et non les Citroën, Renault et autres Peugeot).

Etc.

Etc. est l'abréviation de la locution latine *et cetera* signifiant et tout le reste. On doit donc bien prononcer **èt**cétéra et non comme on peut l'entendre **èqu**cétéra.

Été indien

L'*été indien* (aux États-Unis et au Canada, on dit l'été des Indiens) est une courte période de 4 ou 5 jours de réchauffement thermique (24-28 °C) après une période de décroissance thermique continue jusqu'à 16-18 °C (les Indiens en profitaient alors pour faire leurs dernières chasses). Il se situe à des moments différents d'une année à l'autre et d'un endroit à l'autre. Il est carrément absent certaines années. Cet *été indien* est la dernière bouffée de chaleur avant l'hiver. Il ne faut pas le confondre avec les chaleurs de fin d'été, ce qu'on appelle l'arrière-saison. Cependant, il peut coïncider avec l'été de la Saint-Martin, ultimes belles journées aux environs du 11 novembre (jour de la Saint-Martin).

Étymologie

Étymologie (étude de l'origine des mots) ne prend pas de *h* entre le *t* et le *y*...

Euro et cent

Au pluriel, *euro* et *cent* sont soumis aux règles de la grammaire française : s'ils varient en nombre, ils prennent un *s*. On écrit donc : *un euro, cent euros, des euros, un cent, cent cents, des cents* (ou centimes).

Cependant, sur les billets de banque le mot EURO et sur les pièces le mot EUROCENT sont toujours écrits en capitales et sans le *s* du pluriel, car ces billets et ces pièces circulent dans les pays de la zone euro où la règle d'accord du pluriel n'est pas forcément la même que la règle française.

Euro et liaison

À l'oral, les francs se moquaient de l'accord des adjectifs numéraux cardinaux. On pouvait dire en effet *quatre-vingts francs* sans se demander s'il fallait mettre un *s* ou non à *vingt*, la liaison avec francs n'étant pas possible. Avec l'*euro* qui commence par une voyelle, tout change et il faut d'urgence réviser les règles concernant vingt et cent qui varient au pluriel s'ils ne sont suivis d'aucun adjectif numéral cardinal. Entre quatre-vingts et euros, on doit entendre le son *z* de la liaison : *quatre-vingts-z-euros*. De même, on dira *deux cents-z-euros*.

Si vingt ou cent ne sont pas multipliés, il est préférable de faire la liaison avec le *t* plutôt que de n'en pas faire du tout et de produire ainsi un hiatus désagréable : *vingt-t-euros* est plus facile à dire que vingt (absence de liaison) euros. Attention, on ne dit jamais *vingt-z-euros*. La règle est la même avec cent : *deux cents-z-euros*, mais *cent-t-euros* (et non le tentant *cent-z-*

euros). La liaison doit être faite avec les autres consonnes terminant les adjectifs numéraux cardinaux : *un-n-euro, deux-z-
euros, vingt-deux-z-euros*, etc.

Événement

Même si plusieurs dictionnaires proposent les deux orthographes *événement* et *évènement*, même si le Conseil supérieur
de la langue française précise dans « Les rectifications de l'orthographe », en 1990, que l'*événement* devient l'*évènement*
(quel événement !), force est de constater que dans la plupart
des cas, c'est *événement*, avec deux accents aigus, qu'on voit
écrit dans les journaux, dans les livres, sur les imprimés, dans
les textes publicitaires, bref, partout ou presque.
Il semble que l'usage apporte la sage réponse suivante aux sim-
plifications de l'orthographe : « Une orthographe, c'est déjà
compliqué à retenir, mais deux, est-ce bien raisonnable ? »

Extrême

Le nom *extrême* étant du genre masculin, on passe *d'un
extrême à l'autre*.

Extrêmement, excessivement

Le premier adverbe indique le degré le plus intense. Le second
doit être employé seulement lorsqu'il y a dépassement de ce
degré, lorsqu'il y a excès.
*Il fait extrêmement beau aujourd'hui ; hier, il faisait excessive-
ment chaud.*

Fabricant

Un *fabricant* est celui qui fabrique des produits divers, destinés à la vente ; *fabriquant* est le participe présent du verbe fabriquer.

En fabriquant plus rapidement ses objets, le fabricant s'est enrichi.

Faîte

Le *faîte* (le sommet) et ses dérivés prennent un accent circonflexe sur le *i*. La conjugaison *vous faites* n'en prend pas.

Faute

On peut dire *C'est ta faute* ou bien *C'est de ta faute*, quoique l'Académie recommande la première formule, sans la préposition.

Filtre, philtre

Un *filtre* sert à retenir les impuretés contenues dans un liquide, ou bien à faire un bon café. Un *philtre* est un breuvage dont la composition est mystérieuse, et qui provoque instantanément les symptômes de la passion amoureuse.

En littérature, la victime la plus célèbre du *philtre d'amour* est Tristan qui, absorbant par erreur le breuvage magique destiné au futur mari d'Iseut, tombe amoureux de celle-ci. Amour réciproque qui conduit au fameux : « Ni vous sans moi, ni moi sans vous. » Voulez-vous la suite de l'histoire ? Lisez leur roman...

Final

Il n'est guère finaud de donner à l'adjectif *final* le masculin pluriel finaux, car ce masculin pluriel est tout simplement *finals*. *Nous attendons les résultats finals.*

For intérieur

Dans l'expression *for intérieur*, le premier mot étant l'abréviation de *forum* (tribunal en latin) s'écrit *for* (et non *fort*). *For intérieur* signifie donc tribunal intérieur, siège de la conscience qui élabore ses jugements : *Dans mon for intérieur, je savais que j'avais tort.* Il ne faut pas confondre *for* et *fors* qui signifie excepté : « *Tout est perdu, fors l'honneur* », dit François Ier, au soir de la bataille de Pavie où il fut fait prisonnier, en 1525, par les troupes de Charles Quint.

Forsythia

On doit l'orthographe de cet arbrisseau décoratif, à fleurs jaunes très précoces, à l'horticulteur écossais Forsyth (1737-1804). On prononce *for-si-sia*.

Fréquences

Quotidien : chaque jour. Bihebdomadaire : deux fois par semaine. Hebdomadaire : chaque semaine. Bimensuel : deux fois par mois. Mensuel : chaque mois. Bimestriel : tous les deux mois. Trimestriel : tous les trois mois. Semestriel : tous les six mois, ou d'une durée de six mois. Annuel : chaque année, ou d'une durée d'un an. Bisannuel : tous les deux ans. Biennal :

tous les deux ans, ou d'une durée de deux ans. (Triennal : trois ans. Quadriennal : quatre ans. Quinquennal : cinq ans. Décennal : dix ans.)

Fruste

C'est l'état de ce qui a été frotté, et dont le relief a presque disparu. Cela ne peut donc qualifier un personnage grossier. Il faut employer rustre pour désigner l'inculte et le rude, et se garder d'utiliser le barbarisme frustre, hybride de *fruste*, rude et rustre.

Gâchette

Ce n'est pas la *gâchette* que presse le tireur lorsqu'il utilise un fusil ou un pistolet, mais la détente. La *gâchette* maintient le chien armé et, en général, n'est pas visible.

Gageure

La *gageure* est un pari un peu fou. On prononce *ga-ju*re et non *ga-jeure*.
Même règle pour mangeure (endroit mangé d'un pain, d'un tissu) ou vergeure (terme technique dans la fabrication du papier).

Gaufre

Au sucre, à la confiture, à la crème Chantilly (ou chantilly), la *gaufre* ne prend qu'un *f*, de même que gaufrette, gaufrier.

Geai, jais

Le *geai* est un bel oiseau au plumage brun clair, tacheté de bleu, de blanc et de noir.

Le *jais* est une variété de lignite d'un noir brillant. *Noir de jais* signifie donc que ce dont on parle est noir brillant comme le *jais* (et non comme le *geai* qui ne l'est guère).

Ses cheveux étaient de jais.

Gent

Le nom commun *gent* (que l'on prononce *Jean* comme le prénom) est féminin et désigne une race, une classe, une catégorie, une nation... Ainsi, *la gent féline* désigne les chats, les tigres et autres félins. La Fontaine, dans « Le chat et le vieux rat », utilise la périphrase « la gent trotte-menu » lorsqu'il parle des souris. Certains confondent le nom gent et l'adjectif gent, terme d'ancien français équivalant à noble, courtois, bien né. Ainsi, on parlait d'un *gent damoiseau* ou d'une *gente dame*. Cette confusion entre *la gen*t (*Jean*) et l'adjectif féminin *gente*, (qui se prononce comme une jante) produit l'expression fautive *la gente féminine* (*jante* féminine, cela fait un peu pneu !). On doit dire *la gent féminine*, même si on sait qu'elle est composée de *gentes* dames et demoiselles...

Gisant, orant

Gisant est le participe présent du verbe défectif gésir. Un *gisant* est un monument funéraire représentant un personnage allongé (qui gît). Ce terme a pour contraire *orant* (de *orare* en latin : prier) désignant un personnage à genoux, en prière.

Glaciaire

Glaciaire, l'adjectif désignant une période géologique, ne doit pas être confondu avec le nom *glacière*, la volumineuse boîte aux couleurs vives où le campeur conserve dans la glace sa nourriture.

Glu

La *glu* est une sorte de colle, et ne prend pas de *e* final.

Goitre, goitreux

Un *goitre* (gorge en grec) est la conséquence d'une augmentation de volume de la glande thyroïde. La base de la gorge apparaît alors gonflée. Ni *goitre*, ni l'adjectif dérivé *goitreux* ne prennent d'accent circonflexe sur le *i*.

Grand

Lorsqu'il est suivi d'un nom féminin pluriel, l'adjectif *grand* peut être accordé ou rester au singulier : *des grand(s)-mères, des grand(s)-tantes, des grand(s)-routes*. On écrit *des grands-pères, des grands-parents* – toujours au pluriel –, *des grands-ducs*. *Arrière*, dans les noms composés, est toujours invariable et toujours suivi d'un trait d'union : *des arrière-grands-pères*.

H aspiré

Un petit signe, dans le dictionnaire – astérisque par exemple –, est placé avant ou après le mot (ou avant son écriture phonétique) dont le *h* est aspiré. Cela signifie qu'il ne faut en aucun cas faire la liaison ou élider.

Les handicapés (et non *les-z-handicapés*, le *h* de handicapés étant aspiré).

On ne tient pas compte du **h** muet dans la prononciation.

Deux cents-z-hélicoptères. Quatre-vingts-z-habitants (et non *quatre-vingts* (sans liaison) *habitants*, le *h* de habitants étant muet).

Haler, hâler

Haler, c'est tirer avec un cordage (*haler* une péniche sur le chemin de halage).

Hâler, c'est bronzer au soleil.

Hiberner, hiverner

La marmotte *hiberne*, engourdie pendant les mois les plus froids.

Hiverner, c'est passer l'hiver au chaud, à l'abri des intempéries.

Horaire

L'*horaire* est l'inscription des heures d'ouverture et de fermeture (d'un magasin, d'un cabinet, etc.), le relevé des heures de passage des trains, des autocars… Si vous donnez un rendez-vous, vous consultez votre propre *horaire* afin d'y trouver une case inoccupée. Si vous employez ce mot au pluriel, c'est qu'il y a plusieurs horaires – un *horaire d'été* et un *horaire d'hiver*, par exemple.

Hurler

Le *h* de *hurler* est aspiré, cela signifie qu'en aucun cas, on ne doit faire la liaison avec ce qui le précède. On doit donc dire, lorsqu'on a une raison suffisante pour le faire : *je hurle* en détachant nettement le *je* de *hurle*, et non *j'hurle*. Même remarque pour *je hurlais, je hurlerai* (ne pas prononcer *j'hurlais, j'hurlerai*), etc. Au pluriel, la liaison avec le *s* de *ils* ou de *elles* ne doit pas être faite : *elles hurlent* ne se prononce pas *elles-z-hurlent*, mais *elles* (absence de liaison) *hurlent*. De même, on ne prononce pas *des-z-hurlements*, mais *des hurlements*, sans liaison.

Hymne

On dit *un hymne national*, mais *une hymne religieuse*.

Idéals, idéaux

Le mot *idéal* possède deux pluriels : *idéals* et *idéaux*. Le premier est utilisé dans la langue littéraire lorsque la perfection d'un objet ou d'un être est projetée dans l'absolu : *Les poètes imaginent souvent des idéals féminins inexistants*. On emploie *idéaux* dans le vocabulaire des sciences et de la philosophie : *Les idéaux sociaux imaginés par les utopistes du XIXᵉ siècle ne sont pas pour demain*.

Ignorer

Attention à la double négation. Deux négations équivalent à une affirmation. Ainsi, *Vous n'êtes pas sans ignorer que*... signifie *Vous ignorez que*..., alors que *Vous n'êtes pas sans savoir que*... signifie *Vous savez que*...

Imbécile

... mais *imbécillité* (deux *l*) ; charrette, mais chariot ; consonne mais consonance ; honneur mais honorer ; résonner mais résonance ; traditionnel mais traditionaliste ; trappe mais attraper.

Immanquable

La première syllabe de *immanquable* et *immanquablement* se prononce **in** (comme dans *vin*) et non *imm*... (comme dans *immunité*).

Immoral, amoral

Agir contre la morale tout en la connaissant, c'est être *immoral*. Agir contre la morale en n'en ayant aucune notion, ou en y étant indifférent, c'est être *amoral*.

Impôts

Chaque année, ce n'est pas une *déclaration d'impôts* qu'on doit faire, mais une *déclaration de revenus*. On déclare ses revenus, et non ses *impôts*.

Intérêt

Intérêt ne prend qu'un *r*, de même que intéressant, intéresser, intéressement et autres dérivés.

Jadis et naguère

Jadis signifie il y a beaucoup de jours et renvoie loin dans le temps.

Naguère fait référence à un passé proche, c'est la contraction de *Il n'y a guère...*

Juin

On prononce *ju-in*, et non *jouin* qui est patoisant et ambigu.

Il a montré son savoir-faire en juin.

Lequel

Il faut avoir en tête le terme qu'on vient de prononcer (l'antécédent) afin d'accorder correctement *lequel*, trop souvent employé tel quel dans tous les contextes. *Lequel* s'accorde avec cet antécédent, il en prend la marque du genre et du nombre.

C'est une affaire importante pour laquelle une enquête est menée.

Lice

Au Moyen Âge les chevaliers entraient en *lice*, c'est-à-dire dans le champ clos où les tournois avaient lieu. Le mot *lice* a désigné ensuite la clôture entourant un champ de foire ou de courses. Aujourd'hui, lorsque des candidats à quelque poste que ce soit se lancent dans une bataille métaphorique comparable à un tournoi (parfois moyenâgeux), on dit qu'ils sont *en lice*, et non *en liste* (ce qui ne les empêche pas d'appartenir à une liste).

Linguiste

On prononce *lin-gu* (comme aigu) *-iste* et *lin-gu-istique*, et non *lin-gouiste* ou *lingoustique*.

Lumbago

Même si la douleur est intense, on dit *lon-ba-go* et non *lun-ba-go*...

Malin

Même si Rimbaud a donné pour titre à l'un de ses sonnets « La Maline », même s'il emploie à plusieurs reprises l'adverbe *malinement*, même si Verlaine en fait autant une ou deux fois, même si d'autres l'emploient de temps en temps, le féminin de *malin* est bien *maligne*, et non *maline*. On peut trouver l'orthographe *Malines*, mais c'est un nom propre désignant une ville de Belgique.

Le nom tiré de *malin* est *la malignité*.

Marocain, maroquin

Marocain est le qualificatif dérivé de Maroc.

Le *maroquin* est un cuir de chèvre tanné. Par synecdoque, un *maroquin* désigne aussi un portefeuille ministériel.

Mari, marri

Un *mari*, c'est l'homme que choisit une femme, en principe pour la vie. Mais, s'il est abandonné par ladite femme, le *mari* devient *marri*, c'est-à-dire contrarié, désolé, attristé, et même affligé, en principe...

Martyr, martyre

Le *martyr* est le supplicié.
Le *martyre* est le supplice.

Médias

Il y eut d'abord *mass media*, composé franco-latin qui, employé d'abord dans la langue anglaise, signifiait moyens de communication de masse. Puis, lorsque l'expression s'est installée en France, on n'a pas tardé à l'amputer de *mass*, pour ne conserver que *media*, pluriel sans accent. Un peu plus tard, on a vu apparaître les *médias*, avec accent et marque du pluriel. Enfin, malgré les latinistes puristes qui eussent préféré qu'on écrivît et qu'on dît un *medium*, et même qu'on le prononçât à la latine : *médioum* (singulier du pluriel latin *media*), le *média* s'est installé dans le langage ; il désigne n'importe quel moyen de communication.

Métempsycose

Ce terme qui désigne le passage d'une âme à un autre corps a changé plusieurs fois d'orthographe aux XVIIe et XVIIIe siècles. Tantôt on l'écrivait avec un *h* – respectant ainsi son étymologie puisqu'il vient du mot grec *psukhé* : âme –, tantôt on l'écrivait sans h. Aujourd'hui, c'est cette orthographe qui l'emporte dans (presque... car le Robert historique donne *métempsychose*) tous les cas.

Meurtre, assassinat

Un *meurtre* est un homicide commis sans préméditation.
Un *assassinat* est un meurtre commis avec préméditation.

Mille

L'adjectif numéral cardinal *mille* (1 000) est invariable.
L'unité de mesure *un mille* (1 852 mètres pour le *mille marin*, autrement appelé le *mille nautique* ou le *nautique*, 1 481,5 mètres pour l'antique *mille romain* de mille pas) est un nom commun et s'accorde.
Le *mile anglais* (prononcez *ma-ï-l* – comme dans aïe ! – 1 609 mètres) prend un *s* au pluriel. Au Québec (mais seulement là-bas), on peut écrire *mille anglais* pour *mile anglais*.
Trois mille (3 000) *personnes sont venues.*
Le bateau est à trois milles (trois fois 1 852 mètres) *de la côte.*
L'athlète Smith a couvert trois miles (trois fois 1 609 mètres) *en un temps record.*

Moelle

Le nom *moelle* doit être prononcé *moual* et non *mouèl* (même règle pour *moelleux*, *moellon*).

Mœurs

On peut prononcer *mœurs* en faisant entendre le *s* final (ce qui rapproche ce terme de son origine latine *mores*, cf. « O tempora ! o mores ! » de Cicéron s'attristant des perversions de son époque). Cependant, en poésie et dans la langue soutenue, c'est la prononciation *meur* qui l'emporte.

Muses

Une *muse* sans majuscule est une inspiratrice en général. Une *Muse* avec majuscule fait partie des neuf filles de Mnémosyne, la déesse grecque de la mémoire.
Clio est la Muse de l'Histoire.
L'épouse de cet écrivain était aussi sa muse.

Notre, nôtre

Notre l'adjectif possessif doit être prononcé avec un *o* ouvert comme dans *porte* lorsqu'il détermine un nom.
Notre porte vous est ouverte.
Cet adjectif possessif peut prendre un accent circonflexe sur le *o* (prononciation *o* fermé comme dans *apôtre*) lorsque, employé sans article, il joue le rôle d'adjectif qualificatif.
Nous avons fait nôtre cette opinion.
Le nôtre, pronom possessif, se prononce aussi avec un *ô* fermé.
Voici vos dossiers, voilà les nôtres.
Ces règles sont applicables aussi à *votre* et *vôtre*.
Ce qu'il faut éviter surtout, c'est la prononciation *ô* fermé pour *notre* ou *votre* devant un nom.

*Nous avons trouvé v**o**tre* (o de porte) *dossier* (et non v**ô**tre dossier).

Ô, oh, ho

Ô, majuscule ou minuscule, avec un accent circonflexe, sert à traduire l'admiration, la ferveur ou des sentiments de joie, de douleur, de crainte, de colère, etc.

Ô rage, ô désespoir, ô vieillesse ennemie ! (Corneille)

Ô temps, suspends ton vol ! (Lamartine)

Ô saisons, ô châteaux ! (Rimbaud)

L'interjection *oh* marque la surprise, l'admiration, ou rend plus intense l'expression d'un sentiment.

Oh ! vous ici, déjà ! Oh là là, que cela sent bon ! Oh, quel festin vous m'avez préparé ! Oh, que j'aime la choucroute !

L'interjection *ho* sert à interpeller.

Ho ! vous, oui, vous ! Voulez-vous de la choucroute ?

Les petits Québécois connaissent bien le « Ho ho ho » de leur Père Noël ; par ce *ho* répété, il annonce sa venue. C'est aussi son code postal au pôle Nord…

Obnubiler

Curieusement, le verbe *obnubiler* se déforme parfois dans ses premières syllabes qui deviennent : *omni*, et dans ses dernières qui se transforment en *buller*, ce qui signifierait *buller partout*, c'est-à-dire ne rien faire. Quittons ce petit délire sémantique pour revenir au sérieux de l'étymologie : le verbe *obnubiler* vient de *ob* qui signifie devant en latin et de *nubes* désignant les nuages. Être *obnubilé* par quelque chose ou quelqu'un, c'est donc avoir l'esprit occupé jusqu'à l'obsession par une idée, un projet, comme si des nuées masquaient tout ce qui existe autour : le ciel, la lumière, les arbres, la forêt, les sources d'eau fraîche, les petits oiseaux...

Occurrence

Le mot o**ccurr**ence prend deux c et deux r. Il ne faut pas le confondre avec récurrence ou concurrence qui ne prennent qu'un c (mais deux r).

Œuf, bœuf

Un œuf, des œufs (on prononce des eu, une douzaine d'eu et non d'euf).
Un bœuf, des bœufs (on prononce des beu, un troupeau de beu et non de beuf).

Œstrus

On doit dire **è**strus (se garder de dire eu-strus). Il en est de même pour **œ**strogène (**è**strogène) et autres mots dérivés.

Œuvre

Une œuvre est la production d'un artiste, d'un écrivain.
Un œuvre est la totalité de la production d'un artiste utilisant une technique particulière (gravure, peinture, musique...).
Ce tableau est une œuvre de Rembrandt.
L'œuvre peint de Michel-Ange égale-t-il son œuvre sculpté ?

Opportunité

L'*opportunité* caractérise ce qui vient à propos, ce qui convient dans un cas précis. On parle ainsi de l'*opportunité d'une démarche*, de l'*opportunité d'un discours*. De plus en plus, le sens d'*opportunité* recouvre à tort celui d'*occasion* au point de le supplanter. Cela est dû au fait qu'en anglais *opportunity* signifie *occasion* ; la ressemblance avec *opportunité* est responsable de ce glissement de sens qu'il est préférable de ne pas suivre.

Le transport étant gratuit, j'ai profité de l'occasion (et non de l'*opportunité*) *qui m'était offerte.*

Orgue

- *Orgue* est du genre masculin au singulier et au pluriel. Avec l'emploi du féminin pluriel (*les grandes orgues*), c'est la dimension de l'instrument qui est évoquée, et parfois, en même temps, sa capacité à émouvoir.

Orthodontiste

L'*orthodontiste* (du grec odontos : dent), spécialiste de l'orthodontie, corrige, s'il en est besoin, la position des dents. Ce n'est pas une raison pour le transformer en orthodentiste..

Osciller

Osciller se prononce *o-si-ler* (et non *osciller* qui rimerait avec vriller). Même prononciation pour *oscillation* (*o-si-la-tion*) et autres dérivés.

Oto-rhino-laryngologiste

Vous avez mal aux oreilles (*oto*), au nez (*rhino*) ou à la gorge (*larynx*), allez donc consulter un *oto-rhino-laryngologiste*, vous remarquerez sur sa plaque cette orthographe qui ressemble à un rhume interminable avec, pour l'image des éternuements, les deux traits d'union...

ote

Voici les mots les plus courants terminés par …*ote* : anecdote - antidote - azote - ballote - belote - bergamote - camelote - capote - compote - coyote - décote - despote - dévote - échalote - galiote - gargote - gnognote - homozygote - idiote - jugeote - lépiote - litote - matelote - monozygote - paillote - papillote - parlote - patriote - pelote - petiote - pilote - pleurote - popote - ravigote - redingote - ribote - rigolote - saperlote - tremblote - vote.

otte

Voici les mots les plus courants terminés par ...*otte* : biscotte - bougeotte - bouillotte - boulotte - cagnotte - calotte - cancoillotte - carotte - charlotte - chochotte - cocotte - culotte - gavotte - gélinotte - gibelotte - glotte - griotte - hotte - hulotte - linotte - lotte - marmotte - marotte - mascotte - menotte - motte - pâlotte - polyglotte - quenotte - roulotte - vieillotte.

otter

Quelques verbes courants terminés par …*otter* : ballot**t**er -
boulot**t**er - calot**t**er - carot**t**er - crot**t**er – culot**t**er - dégot**t**er -
frisot**t**er - flot**t**er - frot**t**er - garrot**t**er - grelot**t**er - trot**t**er (la plupart des verbes en …*ot(t)er* ne prennent qu'un seul *t*).

Ou, où

Ou s'écrit sans accent quand on peut le remplacer par *ou bien*,
sinon on l'écrit *où*.

Palier

Le *palier*, cette plate-forme entre deux escaliers, ne prend
qu'un *l*, comme dans plate-forme...

Pallier

Le verbe *pallier* – deux *l* – qui signifie remédier à, est transitif
direct, c'est-à-dire que le complément n'est pas précédé de la
préposition à.
On dira donc *pallier quelque chose*, et non *pallier à quelque
chose*.
Les subventions pallient la mauvaise récolte.

Paracentèse

Cette opération qui consiste à réaliser une ponction de liquide
dans une partie du corps (*paracentèse* du tympan par exemple) ne s'écrit en aucun cas *parasynthèse* ; *paracentèse* vient
du grec *parakentesis* signifiant ponction.

Le terme *parasynthèse* est réservé à la linguistique et désigne l'ajout d'un préfixe ou d'un suffixe à une base. Par exemple, *immanquable* est issu d'une *parasynthèse* à partir de la base verbale *manquer*.

Par contre

Cette locution comporte presque autant de partisans que d'adversaires. Ceux-ci l'accusent de n'être qu'un mauvais mariage de deux prépositions donnant un couple balourd, inélégant qui blesse l'oreille et la vue ; ils militent pour l'emploi de *en revanche*. Ceux-là disent qu'il faut de tout pour faire un monde, que le couple *par contre* n'est pas si balourd que ça, et que l'utilisation de *en revanche* peut se révéler explosive.

Ainsi, André Gide (1869-1951) avance ce cas extrême : « Trouveriez-vous décent qu'une femme vous dise : "Mon frère et mon mari sont revenus saufs de la guerre, en revanche, j'y ai perdu mes deux fils." ? »

On peut lui objecter que, dans ce cas, l'emploi de *par contre* n'est guère plus heureux. C'est sa phrase qui sent le mauvais goût. Que faire alors ? Beaucoup d'auteurs, même les bons, ont employé *par contre*, beaucoup d'autres ne veulent pas en entendre parler. Finalement, vous êtes libre...

Pardonner

On pardonne les erreurs que quelqu'un a commises, mais on ne pardonne pas quelqu'un : la préposition *à* est nécessaire entre le verbe pardonner et celui qui est le bénéficiaire de ce pardon. *On pardonne donc à quelqu'un ses erreurs.*

Passé

Considéré comme une préposition en tête de phrase, *passé* est invariable lorsqu'il est employé sans auxiliaire et immédiatement devant le nom qu'il qualifie : *Passé la trentaine, il est utile de réviser l'accord des participes passés.*

Pataquès

Le mot *pataquès* est né de l'expression : « Je ne sais pas - *t* - à qu'est-ce » où on remarque une liaison fautive. Un *pataquès* désigne donc une mauvaise liaison : « Les bons - *z* - hasards font les grands - *z* – héros. » Par extension, le *pataquès* désigne une faute de langage grossière, ou bien, au sens figuré, une situation qui manque de clarté, de logique. Toute autre utilisation de *pataquès* dans un autre sens demeure incertaine, voire fautive.

Pécuniaire

Cet adjectif qualifie ce qui a rapport à l'argent. Sa terminaison peut laisser croire que le masculin est *pécunier*. Il n'en est rien : au masculin, on doit dire aussi *pécuniaire*.
J'ai encore des ennuis pécuniaires.

Pétiole

Cette partie de la feuille se prononce pé-**siol**, et non pé-tiol.

Pied

Même si *on a deux pieds*, on va *à pied*, on se promène *à pied*, on fait de la course *à pied*, *sur ses deux pieds*... On met *pied à terre*, puis on se rend dans son *pied-à-terre*. Les *pied-à-terre* (sans *s* à *pied*) sont des demeures occasionnelles.

Pineau, pinot

Le *pineau* est un vin de liqueur qui est originaire des Charentes. Le *pinot* est un cépage français cultivé notamment en Bourgogne.

Plain

Plain a donné *plaine* et signifie uni, plat. Il est utilisé dans *plain-chant* (chant religieux du Moyen Âge, à une voix), et dans *plain-pied* qui a pour sens au même niveau.
Une entrée de plain-pied (et non *de plein-pied*).

Plastic, plastique

Le *plastic* est un explosif.
Le *plastique* est la matière plastique qui sert à fabriquer de multiples objets.

Plinthe

Une *plinthe* est une étroite bande de moquette, de carrelage, de bois, etc. que l'on place au bas d'un mur, d'une colonne. La *plainte* qui se prononce de façon identique vient du verbe *plaindre*.

Poêle

Le poêle, appareil de chauffage, ou *la poêle*, ustensile de cuisine – et leurs dérivés – se prononcent *poual* (comme un poil) et non *pouèl*.

Policlinique, polyclinique

Une *policlinique* (*polis* en grec signifie ville) est une clinique municipale où sont proposés des soins sans hospitalisation.
Une *polyclinique* (du grec *poly* qui signifie plusieurs) est une clinique où l'on soigne plusieurs sortes de maladies.

Potron-minet

Dès *potron-minet* signifie : dès que le chat montre son derrière, c'est-à-dire, dès l'aube. On emploie aussi, pour désigner plaisamment les premiers moments du jours : *dès potron-jaquet*, le jaquet (sans *c*) étant l'écureuil. La véritable origine de l'expression serait, selon Littré, « dès le paître au minet », ou «dès le paître au jaquet », c'est-à-dire, dès que le chat ou l'écureuil vont au paître.

Prégnant

La prononciation de *prégnant* (ce qui est **prégnant** s'impose à l'esprit) – ou de *prégnance* – diffère selon le dictionnaire auquel on se réfère. Pour l'un, on doit dissocier le *g* et le *n*, comme dans stag-nant ou pug-nace, pour l'autre, on doit les associer, comme dans imprégnant ou grognant. La plus ancienne prononciation est la première, la seconde date des années soixante.

Prémices, prémisse

Prémices s'emploie au pluriel et désigne les premiers produits de la terre, les premiers nés du troupeau (offerts à leurs divinités par les peuples de l'Antiquité) ; c'est aussi un début, un commencement : *les prémices de l'automne, les prémices du génie.*

Prémisse désigne chacune des deux propositions d'un syllogisme (la majeure et la mineure).

Tous les hommes sont mortels (première *prémisse*) ; *or Socrate est un homme* (seconde *prémisse*) ; *donc Socrate est mortel* (conclusion).

Près, prêt

Près de est une locution prépositive dont le sens est *sur le point de* ou *non loin de*. *Prêt*, adjectif, suivi de *à*, signifie *disposé à*. *Ce programme est près de s'achever.* *Il demeure près de son lieu de travail.* *Ils sont prêts à faire de leur mieux.*

Prof

Les mots commençant par *prof* : professeur, profession, professionnel, etc., ne prennent qu'un *f*.

Pugnace

Pugnace ne rime pas avec le familier grognasse. On doit prononcer d'abord le g puis le *n* : *pug-nace*. Même remarque pour pugnacité.

Pur-sang

Qu'ils galopent par deux, par dix ou par cent, les *pur-sang* prennent toujours un trait d'union et demeurent invariables.

Quand, quant

Quand avec un *d* indique le temps : *Quand vous serez prête, vous me ferez signe*. *Quant* avec un *t* est suivi de *à* ou de *au(x)*, et signifie : pour ce qui est de, pour ce qui concerne.
Quant aux documents secrets, nous ne savons pas ce qu'ils sont devenus.

Quasi

On dit *ca-si* et non *coua-si*. Même règle pour *quasiment*.

Quattrocento

Ce terme qui vient de l'italien *quattro* : quatre, et de *cento* : cent, désigne la période de la Renaissance italienne qui s'étend de 1400 à 1500 (le XVe siècle). Le *trecento* (de 1300 à 1400, XIVe siècle) couvre la période de la pré-Renaissance.

Quelque, quel que

Employé devant un nom *quelque*, adjectif indéfini, s'accorde en genre et en nombre avec ce nom. *J'ai acheté quelques légumes.*

Quelque employé comme adverbe est invariable. Il peut alors être remplacé par *si*.

Quelque prudents qu'ils soient, ils n'éviteront pas la faute.

Il est adverbe également lorsqu'il signifie *à peu près, environ.*

Il y a quelque cinquante ans.

On écrit *quelque* au singulier dans l'expression *quelque temps* (cela signifie un certain temps).

Il y a quelque temps, nous étions amis.

Nous saurons cela dans quelque temps.

Devant le verbe être, *quel* et *que* sont séparés ; *quel* prend alors le genre et le nombre du sujet (inversé) du verbe.

Quelles que soient vos intentions, je vous interdis de venir (que vos intentions soient (n'importe) **quelles**...).

Quels que soient les événements, je viendrai (que les événements soient (n'importe) **quels**).

Quoique, quoi que

Quoique en un mot exprime l'opposition, la concession. On peut le remplacer par *bien que.*

Quoi que en deux mots ne peut être remplacé par bien que. Il signifie *quelle que soit la chose que....*

La maison de mon voisin doit être expropriée. Quoiqu'il en soit propriétaire, il en sera expulsé.

Une requête est en cours. Quoi qu'il en soit, il sera expulsé.

Raccommoder

Deux *c* et deux *m* pour *raccommoder* (et pour accommoder).

Rachis

Dans le mot *rachis*, on prononce le *ch* comme celui de *hachis*, et on fait entendre le *s* final.

Ratiociner

Le verbe *ratiociner* se prononce *ra-cio-ciner*. Il désigne l'action de raisonner de façon excessive, de se perdre en interminables considérations.

Rebattre

Rebattre, c'est répéter quelque chose avec obstination. On peut donc *rebattre* les oreilles de quelqu'un, ou lui *rebattre* quelque chose aux oreilles. Il en aura les oreilles *rebattues* (et non *rabattues*).

Règle, règlement

Ces deux mots prennent un accent grave, mais les autres dérivés (*réglementation*, *réglementaire*...) s'écrivent avec un accent aigu.

Rehausser

On prononce **re**-*hausser* et non *ré-hausser*.

Rémunérer

C'est bien *rémunérer* et non *rénumérer* qui est l'équivalent de rétribuer. On peut, pour le mémoriser, rapprocher *rémunérer* de monnaie.

Repaire, repère

Le *repaire* est le lieu où se cachent les malfaiteurs, les animaux sauvages.
Le *repère* est une marque qui permet de s'orienter, de localiser un lieu, etc.
Plusieurs repères conduisaient au repaire.

Ressortir à

Cela signifie se rapporter à, dépendre de, concerner. Ce verbe se conjugue non pas comme *ressortir* qui signifie sortir de nouveau, mais comme *finir*.
Ce problème ressortit à la municipalité.
Ces événements ressortissent à l'actualité générale, et non locale.

Revolver, pistolet

Il ne faut pas confondre *revolver* (pas d'accent sur le *e*) et *pistolet*. Le *revolver* comporte un barillet (*to revolve*, en anglais : tourner). Le *pistolet* (automatique ou semi-automatique) n'en a pas.

Roder, rôder

Le *ro*dage d'une équipe, d'un spectacle, désigne la période pendant laquelle on effectue des essais. On rode un véhicule en respectant les consignes données par le constructeur. *Roder*, *rodage* ne prennent pas d'accent circonflexe sur le *o*.

*Rô*der, c'est errer çà et là avec des intentions pas toujours louables. Le verbe dans ce cas prend un accent circonflexe, de même que le nom *rôdeur*.

Saigon

Attention : les villes vietnamiennes Saigon et Hanoi ne prennent pas de tréma sur le *i*, mais on en met un sur monoï, mot polynésien désignant une huile parfumée. On écrit : Camille Saint-Saëns (qui se prononce comme sens), Madame de Staël (qui se prononce stalle).

Sans encombre

Pas de s à *encombre* dans cette expression qui signifie sans incident, sans avoir rencontré d'obstacle.

Sans que

La locution conjonctive *sans que* ne doit pas être accompagnée de *ne*.
Essayez de vous enfuir sans qu'il s'en aperçoive.

Satire, satyre

Une *satire* est un écrit qui ridiculise sa cible. Un *satyre* est un homme lubrique, excessivement porté vers les plaisirs sexuels.

Saupoudrer

Saupoudrer (et non *soupoudrer*) vient de *sau* issu du latin *sal* signifiant *sel*. Associé à poudrer, cela signifiait donc, à l'origine, poudrer de sel. Le sens s'est étendu au cours des siècles et *saupoudrer* s'utilise pour le sucre (*saupoudrer de sucre*), pour la farine, etc.

Savoir gré

On écrit *Je vous saurais gré de...*, *Nous vous saurions gré de donner une réponse ...*, ce qui signifie *Je vous serais reconnaissant de...*, *Nous vous serions obligés de donner une réponse....* Le verbe être, parfois se substitue fautivement au verbe savoir dans les deux premières expressions (on ne dit pas *Je vous serais gré de...*).

Saynète

Une *saynète* est une petite comédie divertissante, jouée sur une scène (ce n'est pas une raison pour l'écrire scènette...).

Selon que

Après la locution conjonctive *selon que*, on n'emploie pas le subjonctif, mais l'indicatif.
Selon que vous serez puissant ou misérable...

Selon que vous aurez de bons ou de mauvais résultats, vous serez admis ou refusé.

Sens dessus dessous

Lorsqu'on subit une vive perturbation, pour quelque raison que ce soit, on est accoutumé de dire : « Je suis sens dessus dessous. » Si cette perturbation concerne une pièce, une maison, on dira qu'elles sont aussi sens dessus dessous, et non sans dessus dessous comme on l'écrivait au XVIe siècle.

Sensé, censé

Un homme *sensé* a du bon sens. Il sait que nul n'est *censé* (supposé) ignorer la loi.
Vous êtes sensé, ne commettez pas cette erreur !
Vous êtes censé connaître cette règle.

Se rappeler, se souvenir

On se rappelle quelque chose ou quelqu'un, *on se souvient de quelque chose* ou de quelqu'un.
Ce voyage en Grèce, je me le rappelle dans les moindres détails, et la rencontre que je fis sur l'Acropole, je m'en souviens aussi.
Ce sont des moments qu'on se rappelle sans effort, des heures dont on se souvient.

Soi-disant

Dans *soi-disant*, *soi* est mis pour *se*. *Soi-disant* signifie donc *se disant* et ne peut être employé que pour des personnes disant d'elles-mêmes qu'elles sont ce qu'elles prétendent.
Un soi-disant représentant de commerce a frappé à ma porte.

Soit

Soit est invariable si on peut le remplacer par *supposons*, par *c'est-à-dire*, ou quand il exprime une alternative. Cependant, quand *soit* signifie *supposons*, l'usage des dernières années s'oriente vers l'accord avec ce qui suit (malgré une évidente contradiction puisque *soit* est l'ellipse du subjonctif précédé du pronom neutre *il* : *qu'il soit*).
Soit deux droites parallèles, soit deux triangles rectangles (et non *soient*).
Voici votre salaire, soit 2 000 euros.
Achetez soit des actions, soit des obligations.

Qu'ils soient, qu'ils voient

Qu'ils soient, *qu'ils voient* et autres verbes se terminant par *...oient* au subjonctif ne présentent pas de difficulté de prononciation particulière et on peut se demander pourquoi certains les transforment bizarrement en *qu'ils soillent*, *qu'ils voillent*. Sans doute est-ce un freinage défectueux dans la conjugaison qui les conduit à penser ceci : *que nous soyons, que vous soyez, qu'ils soyent (soillent)*. Eh bien non, c'est tout simplement *qu'ils soient* (comme *soit*).

Solde

La solde est le salaire des militaires.

Le solde est ce qui reste ou manque après avoir fait les comptes.

Le solde est aussi une marchandise qu'un commerçant vend à prix réduit.

Dans ce magasin, les soldes de juillet sont intéressants.

Solutionner

Il faut éviter l'emploi de ce verbe qui, sans en avoir le statut, a presque l'air d'un barbarisme. Il est si facile à remplacer par *résoudre...*

Il résout (avec un *t* final et non un *d*) *facilement ses problèmes de conjugaison.*

Soussigné

Soussigné, adjectif employé dans la rédaction d'un acte, s'accorde en genre et en nombre avec le sujet.

Nous soussignés déclarons que...

Je soussignée, Eva de Lorimier...

Soussigné est aussi un nom :

Les soussignés s'engagent à...

Statue, statut, statu

Une *statue* est installée la plupart du temps sur un piédestal. On discute beaucoup de la position de la femme dans la société actuelle, on s'intéresse à son *statut*. Attention : dans l'expression *statu quo* (locution latine signifiant l'état dans lequel se trouvaient les choses avant), on ne met ni *e* ni *t* à *statu*.

T

Le *t*, cheville sonore destinée à éviter l'hiatus, est encadré de deux traits d'union : *Sera-t-elle à l'heure ? Prendra-t-elle l'avion ? Aura-t-il oublié ? Où va-t-on ?*

Le *t*, pronom personnel mis pour *toi* est précédé d'un trait d'union et suivi de l'apostrophe consécutive à l'élision : *Si tu veux réussir, donne-t'en la peine* (donne-toi la peine de le faire) ; *Cet adversaire est redoutable, méfie-t'en. Tu aimes la musique ? Donne-t'y complètement. Tu projettes de t'inscrire à l'université? Prends-t'y assez tôt* (voir « Impératif »).

Tache, tâche

Une *tache* sans accent circonflexe sur le *a* est une marque laissée par quelque chose de salissant. *Tacher* signifie salir.
Une *tâche* avec un accent circonflexe sur le *a* est un travail. *Tâcher* signifie essayer.

Taliban

Le mot *taliban* est le pluriel de *talib* en arabe qui signifie étudiant. Utilisé en France, ce nom commun s'accorde, comme tous les noms communs, en prenant un *s* au pluriel : *un taliban, des talibans*. De même, *moudjahidine*, pluriel arabe de *moudjahid* (combattant de la guerre sainte), adopte en français le s pluriel : *un moudjahidine, des moudjahidines.*

...tée

Les noms féminins terminés par …*té* ne prennent pas de e final sauf : dictée, pâtée, jetée, montée, butée, portée, tétée, nuitée et ceux qui indiquent un contenu (assiettée, brouettée, pelletée, potée…).

Tel

Tel marquant la comparaison s'accorde avec ce qui suit : *J'aime les roses rouges, telle celle que tu as dans la main. Tel que* s'accorde avec le nom qui précède : *Nous adorons les gâteaux tels que les religieuses, les tartelettes.* La locution *tel quel* s'accorde avec le nom auquel elle se rapporte : *Vos livres étaient abîmés, je vous les rapporte tels quels.*

Tirer les marrons du feu

Celui qui tire les marrons du feu, au sens propre, se brûle et souffre au profit de ceux qui attendent pour les déguster. *Tirer les marrons du feu* signifie donc, au sens figuré, prendre des risques, se mettre en péril pour le bénéfice des autres.

Tomber dans le lacs

Tomber dans le lacs c'est être pris dans le piège. Le *lacs* désigne le lacet que l'on installe pour piéger le gibier. On n'écrit donc pas *tomber dans le lac*, même si certains dictionnaires ont suivi l'usage qui, selon l'habitude, s'est emmêlé dans deux expressions : *tomber dans le lacs* et être à l'eau.

Tourisme

C'est sans doute l'attraction du mot anglais *tourism* (que l'on prononce *tou-ri-zm*) qui a été responsable de la grande épidémie de *ri-zme* des années 1980 et 1990. Presque tous les termes en **isme** ont été contaminés. On a entendu ainsi *sociali-zme*, *capitali-zme*, *communi-zme*, *mitterrandi-zme*, *chiraqui-zme*, etc.

La seule prononciation correcte est **i-sme**. Décomposons un peu plus **i-se-me** et non **i-ze-me** (le **s** se prononce **s** entre une voyelle et une consonne. Ce n'est qu'entre deux voyelles qu'il devient **z**).

Tout

Tout (avec le sens de chaque, n'importe quel(le)) est au singulier dans les expressions suivantes : en tout cas, en toute chose, tout compte fait, de toute façon, en tout genre, à tout hasard, à toute heure, en tout lieu, de toute manière, à tout moment, en toute occasion, de toute part, en tout point, à tout prix, à tout propos, en toute saison, de toute sorte, de tout temps.

Lorsqu'il y a une idée de nombre, tout prend la marque du pluriel : de tous côtés, à tous égards, à toutes jambes, en toutes lettres, toutes proportions gardées...

Tout est invariable lorsqu'il peut être remplacé par entièrement, complètement, tout à fait, il est alors adverbe. Cependant, devant un adjectif féminin commençant par une consonne ou un *h* aspiré, *tout*, adverbe, s'accorde.

La classe tout entière écoute avec attention.

Les joueuses font grise mine, tout étonnées d'avoir perdu ; elles sont toutes honteuses.

Les joueuses exultent, toutes surprises d'avoir gagné.

Versification

12 syllabes : alexandrin (deux hémistiches de 6 syllabes séparés par une césure). 11 syllabes : hendécasyllabe. 10 syllabes : décasyllabe. 9 syllabes : ennéasyllabe. 8 syllabes : octosyllabe. 7 syllabes : heptasyllabe ou heptamètre. 6 syllabes : hexamètre. 5 syllabes : pentamètre. Pour les polygones en mathématiques, il suffit de remplacer syllabe par ...gone (angle en grec), sauf pour le polygone à 12 côtés : dodécagone. Ainsi le polygone à 11 côtés est un hendécagone, celui à 9 côtés un ennéagone, celui à 8 côtés un octogone, etc.

Vitupérer

Ce verbe signifiant *protester* est transitif direct. On doit donc dire *vitupérer quelque chose* ou quelqu'un, et non *vitupérer contre quelque chose* ou contre quelqu'un.

Les manifestants vitupèrent le responsable de la situation.

Voici, voilà

Voici sert à désigner ce qui va être dit, ou bien quelque chose ou quelqu'un de proche.

Voilà désigne ce qui vient d'être dit, ou bien quelque chose ou quelqu'un d'éloigné.
Voici ma décision : je reste !
Je reste ! Voilà ma décision.
Voilà le facteur.
Voici le courrier.

Vive les vacances

L'interjection *Vive* depuis Rabelais est une forme figée (donc invariable) du subjonctif de vivre. Considérer que le mot qui suit est le sujet et accorder en conséquence est une affaire personnelle. Dans ce cas, il serait plus logique de dire la phrase entière : *Que vivent les vacances !*

Voie, voix

La *voie romaine*, la *voix humaine*.

Voire même

Cette locution est tout à fait correcte, un peu vieillie cependant. Voire vient du latin verus qui signifie vrai ; c'était, au Moyen Âge, une façon de dire oui, certes ou bien entendu. Plus tard, vers 1600, *voire*, ayant acquis le sens de vraiment, fut associé à *même* afin de le renforcer : *voire même* était né. Puis, *même* disparut, laissant à *voire* seulement le sens de la locution entière. Il n'est donc pas interdit de restituer l'expression sous sa forme ancienne, ce n'est pas un pléonasme. Toutefois, on peut préférer aujourd'hui ou bien *voire*, ou bien *et même*, plutôt que *voire même*, expression jugée trop littéraire ou démodée.

Ce roman est intéressant, et même (ou voire) passionnant.

Vu

Vu et *attendu*, ne pouvant être utilisés qu'avant le nom, demeurent invariables : *Vu la satisfaction de ses administrés, le maire décide...*

Yacht

Yacht vient du néerlandais *jacht* et désigne un navire de plaisance. On devrait prononcer *yak*, mais c'est la prononciation anglaise *yôte* qui l'emporte. Elle offre l'avantage de supprimer la confusion avec yack qui désigne un grand mammifère du Tibet, voisin du bœuf, à longue toison fauve et soyeuse (on prononce *yak*). Ainsi, on peut éviter les situations inattendues... *Voulez-vous venir faire une promenade sur mon yacht ?*

On accorde

Le participe passé

• **Employé avec l'auxiliaire être**, il s'accorde en genre et en nombre avec le sujet.
Elles sont venues, puis reparties.

• **Employé avec l'auxiliaire avoir** : on accorde avec le complément d'objet direct (c.o.d.) s'il est placé avant. L'essentiel est donc de trouver le c.o.d. (il répond à la question quoi ? ou qui ? posée au verbe).
Les fleurs que j'ai cueillies (j'ai cueilli quoi ? que, c.o.d., mis pour les fleurs qui est au féminin pluriel, donc j'ajoute e (féminin) et s (pluriel) à cueilli).

• **Accord du participe passé des verbes pronominaux** (ceux qui s'emploient avec un pronom personnel : se regarder, se laver...) :

a) **Le participe passé des verbes pronominaux proprement dits** (ceux qui ne se conjuguent qu'à la voix pronominale – on ne peut enlever le *se* : s'enfuir, se souvenir...) s'accorde en genre et en nombre avec le sujet. *Elles se sont souvenues, elles se sont évanouies.*

b) **Le participe passé des verbes pronominaux non réfléchis** (c'est-à-dire ceux dont le pronom personnel n'est ni c.o.d. ni complément d'objet indirect (c.o.i.) : s'attaquer ne signifie pas attaquer soi-même) s'accorde avec le sujet. Voici quelques verbes pronominaux non réfléchis : s'apercevoir, s'attaquer, s'attendre, s'aviser, se douter, s'échapper, s'ennuyer, se jouer, se plaindre, s'y prendre, se prévaloir, se saisir, se taire. *Ils se sont attaqués à plus fort qu'eux, ils se sont aperçus de leur erreur.*

c) **Pour les autres verbes pronominaux** (*se* + verbe transitif – transitif signifie qui peut avoir un c.o.d.), afin de trouver le c.o.d., on remplace mentalement l'auxiliaire être par l'auxiliaire avoir. *Elle s'est lavée* (elle a lavé qui ? *s'*, ce pronom personnel *s'* est le c.o.d. mis pour elle, féminin singulier, donc on ajoute *e* à *lavé*). *Elle s'est lavé le visage* (elle a lavé quoi ? le visage qui est le c.o.d., donc on n'accorde pas le participe passé puisque le c.o.d. est placé après).

d) **Le participe passé des verbes pronominaux qui ne peuvent avoir de c.o.d. est invariable.**

> *Les fêtes se sont succédé* (les fêtes ont succédé à *se*, à elles-mêmes, la question posée est indirecte : à quoi ? – et non quoi ? –, donc *se* est un c.o.i., et non un c.o.d., on n'accorde pas).

• **Suivi d'un infinitif, le participe passé s'accorde avec le c.o.d.** qui le complète. *La cantatrice que j'ai entendue chanter* (*que*, mis pour cantatrice féminin singulier, est c.o.d. de entendu) ; *la chanson que j'ai entendu chanter* (on n'accorde pas *entendu* car le c.o.d. chanter est placé après, *que* est c.o.d. de chanter).

• **On applique la même règle pour le participe passé des verbes pronominaux suivis d'un infinitif.** *Les naïfs se sont laissé persuader* (*se* est c.o.d. de persuader) ; *les skieurs se sont laissés glisser* (*se* est c.o.d. du verbe laisser : ils ont laissé qui ? *se*, sujet de glisser).

Devant un infinitif, le verbe faire ou se faire au participe passé est toujours invariable. *Le responsable les a fait disparaître.*

Il n'y a jamais aucun problème pour l'accord du participe passé avec avoir si on effectue correctement la recherche du c.o.d.

Couru, coûté, valu, vécu, ces quatre participes passés s'accordent s'ils sont employés au sens figuré et non s'ils sont employés au sens propre.

Les dix francs que m'a coûté ce livre (que est complément circonstanciel de prix – ce livre m'a coûté combien ? – et non c.o.d.).

Les efforts que m'a coûtés ce travail (que est c.o.d.).

Adjectifs de couleur

L'adjectif de couleur s'accorde avec le nom.

Des étoffes bleues.

Si l'adjectif est un nom commun pris adjectivement, il reste invariable.

Des yeux marron (de la couleur du marron), *des étoffes orange* (si l'on met un *s*, cela devient des marrons, des oranges). Il en est ainsi de abricot, ardoise, argent, azur, brique, bronze, café, caramel, champagne, chocolat, citron, cuivre, ébène, framboise, garance, grenat, groseille, havane, indigo, kaki, moutarde, nacre, noisette, ocre, olive, or, paille, pastèque, perle, pervenche, pistache, prune, rouille, safran, saphir, saumon, sépia, serin, soufre, tabac, topaze, turquoise, etc.

Cependant certains noms sont assimilés à des adjectifs et donc s'accordent avec le nom qualifié. Il s'agit de mauve, pourpre, rose, écarlate, fauve, incarnat.

Des étoffes roses, des étoffes mauves.

Deux adjectifs employés pour désigner une seule couleur sont invariables.

Des yeux bleu clair (sans trait d'union).

Si ce sont deux adjectifs de couleur, on met un trait d'union.

Des yeux bleu-vert.

Vairon : des yeux vairons ne sont pas de la même couleur, ou bien leur iris est entouré d'un cercle blanchâtre.

Pers : ce terme désigne une couleur entre le bleu et le vert.

Adjectifs numéraux

Les adjectifs numéraux cardinaux sont invariables sauf vingt et cent qui prennent un s s'ils sont multipliés, mais il ne faut pas qu'ils soient suivis d'un autre adjectif numéral.

Attention : on met un trait d'union seulement au-dessous de cent (sauf dans vingt et un, trente et un, quarante et un, etc.). Voici quelques exemples où ces règles sont appliquées : quatre-vingts kilomètres, quatre-vingt-sept participants, cent vingt jours (une fois vingt donc pas de s), deux cents patates, trois cent sept euros, quatre cent quatre-vingt mille francs (cent et vingt ne s'accordent pas car ils sont suivis d'un autre adjectif numéral).

Dans quatre cent quatre-vingts millions de francs, vingt s'accorde parce que millions n'est pas un adjectif numéral mais un nom commun, de même que milliard – un million, un milliard. Billion (un million de millions) est aussi un nom commun donc variable, de même que trillion (un million de billions).

On écrit : l'année quatre-vingt sans s car cela signifie quatre-vingtième ; on écrit également : page quatre-vingt, l'année mille huit cent, page deux cent.

Attention : zéro est variable : *Un huit suivi de cinq zéros.*

Collectif

Après un groupe de mots ayant un sens collectif, l'accord est variable.

Si ce groupe est précédé d'un article défini (*le, la*) ou d'un adjectif démonstratif (*ce, cette*), le verbe est au singulier : *La totalité des invités est arrivée.*

S'il est précédé de *un*, l'accord est variable selon le sens que l'on veut donner à la phrase : *Une foule* (ou *un grand nombre*) *d'enseignants se pressait* (ou *se pressaient*) *devant le ministère.*

Après beaucoup de, peu de, la plupart, bien des... l'accord se fait au pluriel : *La plupart des invités sont arrivés.*

Après une foule de, une multitude de, un grand nombre, la moitié de, le quart de, les deux tiers de, une minorité de, une partie de, la majorité de, la grande majorité de, le reste de, une grande quantité de, etc., on accorde tantôt avec le collectif, tantôt avec le complément selon la nuance qu'on veut apporter à la phrase, ou selon le sens.

Jours

Les jours de la semaine sont des noms communs, ils prennent un s au pluriel.

Magasin fermé tous les mardis.

En vente les mardi et samedi de chaque semaine (attention, il n'y a qu'un mardi et qu'un samedi par semaine...).

Le pluriel des noms et des adjectifs

On le sait tous depuis l'école primaire : les noms et les adjectifs prennent un s au pluriel. Mais attention, il y a des cas particuliers.

Certains noms terminés par *ou* prennent un *x* au pluriel : bijoux, cailloux, choux, genoux, hiboux, joujoux, poux (et même ripoux...).

Les noms terminés par *eu* prennent un *x* au pluriel : *Tous les feux sont au vert* – sauf bleu, pneu (et feu au sens de disparu) qui prennent un *s* : *Tous les pneus bleus sont crevés*.

Les noms terminés par *au* forment leur pluriel en *x* : *Il s'est emmêlé les pinceaux* – sauf landau, sarrau qui prennent un *s*.

Les noms et les adjectifs terminés par *s, x, z* ne varient pas au pluriel : un pays, des pays ; un puits, des puits ; un rébus, des rébus ; une souris, des souris ; un jaloux, des jaloux ; un index, des index ; un télex, des télex ; un gaz, des gaz ; un nez, des nez, etc.

Les noms terminés par *ail* prennent un *s* au pluriel : un attirail, des attirails ; un portail, des portails ; un poitrail, des poitrails ; sauf bail (des baux), corail (des coraux), émail (des émaux), soupirail (des soupiraux), travail (des travaux), vantail (des vantaux), ventail (des ventaux), vitrail (des vitraux).

Les noms et les adjectifs terminés par *al* forment leur pluriel en *aux* : un cheval, des chevaux ; un journal, des journaux.

Certains noms cependant ont un pluriel en *als* : aval, bal, cal, cantal, caracal, carnaval, cérémonial, chacal, choral, festival, gavial, mistral, narval, nopal, pal, récital, régal, rorqual, santal, sisal, trial.

Certains adjectifs forment leur pluriel en *als* : bancal, fatal, final, natal (néonatal), naval (aéronaval), tonals. On trouve les deux pluriels *als* et *aux* pour : austral, boréal, causal, étal, glacial, idéal, jovial, pascal.

Maximum, minimum, optimum

Au pluriel, ces trois mots employés comme noms font : *des maximums, des minimums, des optimums*. On peut aussi utiliser le pluriel latin en *a* : *des maxima, des minima, des optima*. Lorsqu'ils sont adjectifs, on leur préfère : *un prix maximal, une remise minimale, un climat optimal* qui font au pluriel : *des prix minimaux, des remises minimales, des climats optimaux*.

Le pluriel des noms propres

Les noms propres de personnes ne prennent pas la marque du pluriel : les Dupont, les Mauriac, François et Claude sauf les noms de familles illustres et très anciennes : les Bourbons, les Capets, les Condés, les Guises, les Horaces, les Stuarts, les Tudors. Mais on écrit les Borgia, les Habsbourg, les Romanov, ces noms propres n'étant pas modifiés par rapport à la langue d'où on les tire.

Lorsque les noms propres désignent, par métonymie, l'œuvre produite, ils ne varient pas : *Ce collectionneur ruiné doit rendre à l'huissier les Monet de sa pièce.*

Devenus par antonomase (nom propre considéré comme nom commun) des noms communs, les noms propres peuvent prendre un s et parfois une minuscule : *Les femmes coquettes n'épousent pas des harpagons.*

Les noms de journaux ou de magazines demeurent invariables :
Des Figaro, *des* Ouest-France *et des* Libération *sont vendus à la caisse*.

Les noms de marques commerciales demeurent invariables au pluriel : *Ce représentant a vendu trois Espace Renault et quatre Évasion Citroën.*

Le pluriel des vins

Lorsqu'ils sont, par métonymie, devenus des noms communs (un vin de Bourgogne = un bourgogne) les noms de vins peuvent prendre la marque du pluriel, sauf certains noms composés (des châteauneuf-du-pape, des château-lafite). On les écrit alors sans majuscule.

Nous avons bu du saint-émilion qui est un excellent bordeaux, des alsaces, des bourgognes, des champagnes et des chinons plutôt gouleyants.

Les mots composés

Pour former le pluriel des mots composés, reliés par un trait d'union ou non, il faut identifier la nature de chacun de leurs éléments :

■ Nom + nom = accord
■ Nom + adjectif = accord
■ Nom + particule invariable = accord du nom
■ Verbe + nom = accord du nom seulement

Cependant, c'est le bon sens qui commande le plus souvent les accords à effectuer. En effet, dans *des gratte-ciel*, le verbe ne s'accorde pas, ce qui est logique, mais le nom ne s'accorde pas non plus car il n'y a qu'un ciel. Si on compare *des garde-fous* et *des gardes-barrières*, le premier *garde* ne prend pas de s car c'est un verbe, le second *gardes* en prend un car c'est un nom (il s'agit de l'employé, le garde).

Voici quelques exemples de mots composés au singulier et au pluriel : un arc-en-ciel, des arcs-en-ciel ; une belle-soeur, des belles-soeurs ; un chou-fleur, des choux-fleurs ; un pique-nique, des pique-niques ; une porte-fenêtre, des portes-fenêtres (à la fois porte et fenêtre).

Les mots composés dans lesquels porte est un verbe sont en général invariables : un porte-bagages, des porte-bagages ; un porte-bonheur, des porte-bonheur ; un porte-clés, des porte-clés ; un porte-monnaie, des porte-monnaie ; un porte-parole, des porte-parole (mais des porte-crayon ou des porte-crayons, des porte-drapeau ou des porte-drapeaux).

D'utiles figures de rhétorique

Élocution

L'élocution, c'est la capacité à bien articuler chaque syllabe afin que les mots soient parfaitement compris de ceux à qui on s'adresse. Un petit exercice ? Tentez de prononcer cette phrase sans zozoter ni chuinter, et surtout sans vous interrompre : *Suis-je bien chez ce cher Serge ?* Si vous avez réussi, votre élocution est excellente.

Éloquence

L'éloquence, c'est le privilège naturel de pouvoir s'exprimer avec une aisance qui rend clair et agréable n'importe quel discours. Lorsqu'on écoute quelqu'un d'éloquent, on entre dans sa pensée sans difficulté, avec plaisir ; on saisit sa logique – sans forcément l'adopter – car l'arrivée des idées s'est faite de façon si habile qu'on s'est senti agréablement emporté dans le courant des mots.

Progresser ?

On peut améliorer son élocution en pratiquant des exercices qui ralentissent un débit de paroles trop rapide, une prononciation zézayante (comme celle d'Émile Zola) ou bégayante (comme celle de l'homme politique athénien Démosthène, 384-322 av. J.-C.).

Rhétorique

On peut améliorer son éloquence en utilisant des procédés rassemblés sous l'autre nom de l'art oratoire : la rhétorique.

Le terme rhétorique vient de la racine indo-européenne *wer* qui exprime l'idée de parler.

Deux mots sont nés de cette racine : *wrhétor* et *werdh*. Le passage du premier dans la langue grecque a donné *rhétor*, terme désignant celui qui parle bien, qui est éloquent. Le deuxième a fourni à l'anglais le mot *word*, à l'allemand *wort*, au néerlandais *woort* et au français *verbe* (au sens général de parole).

Aux faits, maintenant ! Quels sont donc ces procédés qui permettent à coup sûr d'améliorer son éloquence, de persuader son interlocuteur (ou son interlocutrice…) ? Les voici :

La métaphore

La métaphore est une sorte de comparaison, mais le terme qui sert à établir cette comparaison n'apparaît pas ; ainsi, la phrase s'en trouve raccourcie, elle gagne en efficacité, et l'effet de l'image est multiplié. Voilà pour le principe. Maintenant, il reste à choisir l'image qui va donner à la métaphore son caractère pittoresque ou romantique, ironique ou inquiétant, péjoratif ou valorisant.

Si Madame dit à son mari : *Tu es un lion*, la métaphore est valorisante. Lorsque Monsieur affirme à Madame : *Tu es une gazelle*, une atmosphère romantique commence à s'installer. En revanche, si une jeune fille dit à son amie, en voyant arriver un bellâtre bronzé jusqu'aux cheveux : *Voilà un coq*, l'intention ironique est claire. Et si la jeune fille entend ce bellâtre parler de *dinde*, d'*oie* ou d'autres volatiles, ce n'est pas forcément d'animaux de basse-cour qu'il s'agit.

Métaphore et style

Ces juvéniles politesses étant échangées, on peut souligner qu'à l'écrit, la métaphore est l'un des moteurs d'un style : la qualité des images, leur exploitation doivent fournir à l'esprit, sans lourdeur et sans insistance, la capacité de comprendre en un minimum de mots, l'élément évoqué et le regard porté sur lui.

Arthur frappa à la porte. Isabelle alla lui ouvrir, ne lui fit aucun reproche ; elle était trop heureuse : **son bateau ivre rentrait au port.**

Métaphore filée

Lorsqu'une métaphore développe la même image durant plusieurs phrases, on dit qu'elle est filée. Attention : l'abondance ou la proximité inattendue de métaphores pour la même situation peut nuire à l'effet recherché.

Arthur **louvoya** jusqu'à son lit. Ce **quai de la nuit** le rassura : c'était la promesse d'un départ vers des rivages où les mers se démontent avec **la clé des songes**. Il **affala ses voiles**, se glissa dans **l'esquif des ténèbres**, tint **fermement le gouvernail de ses pensées**, ferma **les écoutilles** et cria « À l'abordage ! » avant de **sombrer** (cette surabondance de métaphores en gras conduit à une sorte de naufrage de la phrase : les images trop rapprochées parasitent l'action initiale…).

L'hyperbole

Lorsqu'on veut frapper l'imagination de son interlocuteur ou de son lecteur, on en rajoute un peu, et même beaucoup, on exagère une dimension, un poids, une comparaison.

Lorsque Arthur s'éveilla le lendemain matin, il était assoiffé, affamé ; il but **un seau de café noir** brûlant, dévora **des kilos de pain** qu'il tartina **de tonnes de beurre**. Puis il enfila ses bottes de marin afin de traverser la rue qui sous les trombes d'eau avaient **l'allure du fleuve Amazone**.

Dans les conversations animées, l'hyperbole est fort utilisée :
– Athalie, tu dépenses toujours **des fortunes** en maquillage !
– C'est pour réparer du poids des ans l'irréparable outrage !
– Oui, mais tu en mets **des kilos** !
– Fais comme moi, car je te trouve un peu pâlot !

La métonymie

La métonymie est une sorte de raccourci de langage. Au lieu de dire : *La boulangère a quitté le boulanger, tous les habitants qui vivent dans la ville où cet événement vient de se passer en parlent*, on dira : *La charcutière a charcuté le charcutier,* **toute la ville en parle**. Une ville ne parle pas, mais par métonymie, elle acquiert cette faculté puisque lorsque le mot ville est lu ou prononcé, le lecteur imagine d'un seul coup toute la population ainsi suggérée. De la même façon, au lieu de dire : *Tous les élèves qui suivent le cours du professeur farceur, dans la classe, rient*, on dira : **Toute la classe rit**. Une classe ne rit pas, mais on comprend le sens du raccourci. La métonymie permet donc d'exprimer tout un ensemble à l'aide d'un terme englobant, autrement dit, le contenant pour le contenu.

Un élément pour le tout

La métonymie peut aussi se servir du contenant pour exprimer le contenu : *boire un bon bordeaux* pour *boire le contenu d'une bouteille ou d'un verre de bon vin de bordeaux*. Un élément peut servir à désigner un individu : *Cet homme est un excellent pistolet* résume la phrase suivante : *Cet homme fait preuve d'une adresse remarquable lorsqu'il se sert de son pistolet pour atteindre la cible*.

Les boulangeries regorgent de métonymies ! Au lieu de dire : *Je voudrais un pain qui a la forme d'une baguette, s'il vous plaît*, vous demandez : *Je voudrais* **une baguette***, s'il vous plaît*.

Parfois, le genre du mot dépend de ce qu'on sous-entend : *l'Espace Renault*, automobile appartenant à la catégorie des monospaces, peut être ou bien *un Espace* (*un* véhicule Renault portant le nom *Espace*), ou *une Espace* (*une* automobile Renault portant le nom *Espace*).

Les œuvres d'art sont souvent désignées par une métonymie : *un Picasso, un Boudin, un Poussin* – rappelons que ces raccourcis métonymiques où le nom propre est utilisé ne prennent pas la marque du pluriel : *Le voleur avoua qu'il avait beaucoup de Monet dans son sac.*

Métonymie à la une

À la une des journaux, la métonymie est très utilisée car elle permet de gagner de la place : *Paris accueille la Couronne* remplace : *Les habitants et responsables politiques de la ville de Paris, capitale de la France, accueillent la reine de Grande-Bretagne, Elisabeth II, qui porte sur la tête, lors des cérémonies officielles, une couronne, signe de sa fonction royale* (titre effectivement un peu long…).

De même, lorsqu'on dit que la Maison-Blanche n'a encore pas réagi à la nouvelle, on désigne, par métonymie, les responsables politiques qui se réunissent à la Maison-Blanche – résidence des présidents des États-Unis depuis 1902 – notamment le Président des États-Unis, son secrétaire d'État à la Défense, à l'Économie, etc.

Métonymie et synecdoque

Lorsque l'élément isolé par l'emploi de la métonymie est une partie indissociable de l'ensemble évoqué, on appelle cette métonymie une synecdoque : ainsi, *une voile* peut désigner *un bateau à voiles*. Victor Hugo (1802-1885) utilise une synecdoque lorsqu'il écrit dans son poème « Demain dès l'aube » : *Je ne regarderai ni l'or du soir qui tombe / Ni les voiles au loin descendant vers Harfleur*. Corneille (1606-1684) utilise de nombreuses synecdoques dans ses tragédies, notamment dans ce passage où Don Diègue (qui a reçu de Don Gomès un soufflet – une gifle) charge son fils Rodrigue de le venger avec son épée : *Et ce fer que mon bras ne peut plus soutenir, / Je le remets au tien pour venger et punir*. Le fer est indissociable de l'épée, l'emploi de cet élément pour désigner le tout constitue une synecdoque.

Euphémisme

L'euphémisme consiste à atténuer une vérité afin de la rendre plus facile à entendre – ou de la faire mieux entendre : celui qui *s'éteint* d'*une longue et douloureuse maladie* meurt – en général – d'un *cancer*. Lorsqu'on dit de quelqu'un qu'il a atteint *un âge respectable*, c'est pour éviter le mot *vieux*.

L'euphémisme est également très utilisé depuis une ou deux décennies pour atténuer l'expression d'un handicap : les *sourds* sont des *malentendants*, les *aveugles* des *non-voyants*, les *paralysés* d'une ou deux jambes des *personnes à mobilité réduite*.

Litote

Voulez-vous en dire moins pour faire entendre plus ? Utilisez la litote ! C'est un procédé d'expression qui vous permet d'ajouter aux mots que vous prononcez une touche de malice, d'ironie, de complicité ou même de cruauté. Si vous dites à votre conjoint qui vient de s'acheter un vêtement rococo : *Tu n'es pas d'une élégance folle*, cette litote signifie qu'il a l'air d'avoir enfilé un sac à patates. Si vous sortez d'un spectacle en disant après avoir bâillé : *Ce n'est pas vraiment un chef-d'œuvre*, cela signifie que la vérité tient davantage dans cet adjectif en trois lettres au masculin singulier : *nul*.

Lorsque Pyrrhus, le vainqueur de Troie, va demander à Andromaque si elle l'aime, ou du moins si elle pourrait l'aimer après qu'il aura refusé de livrer son fils aux Grecs, il formule ainsi sa demande :

En combattant pour vous, me sera-t-il permis
De ne vous point compter parmi mes ennemis ?

La litote est claire et ne se résume pas à la forme négative employée ; Pyrrhus espère beaucoup, mais alors beaucoup plus si affinités (en réalité, il n'aura rien, et c'est bien fait ! Lisez la pièce...).

Anaphore

L'anaphore consiste à répéter le même mot en début de phrases ou de groupes de mots successifs. L'anaphore est une sorte de marteau destiné à enfoncer une idée dans la tête d'un interlocuteur, d'un auditeur, d'un téléspectateur...
Plus nous serons nombreux *à défiler contre le trafic de fatalatapouettes,* ***plus nous serons nombreux*** *à nous unir contre la désunion,* ***plus nous serons nombreux*** *à crier dans*

les rues, moins il y aura de silence autour de ce que personne ne dit !

Le poète Joachim du Bellay termine son sonnet " Heureux qui comme Ulysse " par une anaphore :

Plus me plaît *le séjour qu'ont bâti mes aïeux / Que des palais romains le front audacieux /* ***Plus que*** *le marbre dur me plaît l'ardoise fine /* ***Plus*** *mon Loire gaulois que le Tibre latin /* ***Plus*** *mon Petit Liré que le Mont Palatin / Et* ***plus*** *que l'air marin la douceur angevine.*

Allégorie

L'allégorie consiste à développer une image de façon étendue – plusieurs phrases, paragraphes ou même plusieurs pages – afin de faire comprendre une idée générale ou une situation.

Le récit du meurtre de Caïn par Abel dans la Bible n'est sans doute qu'une ***allégorie****, un récit, une image, pour faire comprendre que dans le cœur de l'homme naquit un jour la jalousie, que la jalousie conduit au crime, que du crime naît le mensonge, mais qu'au-delà de la misère humaine peut exister le pardon.*

Antiphrase

Vous parlez par antiphrase beaucoup plus souvent que vous ne le pensez ! Ne dites-vous pas à celui ou celle qui entre chez vous, couvert de la boue des chemins parcourus, trempé des averses coléreuses de l'orage, dégoulinant de diverses matières difficilement identifiables : *Eh bien, tu es propre !* Voilà une antiphrase, le terme *propre* est utilisé dans le sens contraire de son emploi habituel et il signifie *sale*. Ainsi, par antiphrase, vous pouvez dire aussi : *Eh bien tu es beau ! Eh bien, tu es belle ! Eh bien, tu as maigri ! C'est intelligent ! C'est malin ! Eh bien, que tu es doux ce soir !*

Antithèse

Deux idées, deux mots rapprochés qui s'opposent constituent une antithèse. Ce procédé d'expression permet de créer un étonnement et consécutivement, d'attirer l'attention. L'antithèse est le principal moteur de l'écriture de Victor Hugo. Il suffit d'ouvrir à n'importe quelle page, n'importe laquelle de ses œuvres pour en trouver un peu partout, tapies dans les lignes et prêtes à sauter aux yeux du lecteur.

*Où vont tous **ces enfants** dont **pas un seul ne rit***
Ces doux êtres pensifs que la fièvre maigrit [...]
***Innocents** dans un **bagne**, **anges** dans un **enfer**,*
Ils travaillent. Tout est d'airain, tout est de fer.

Oxymore

Lorsque deux mots opposés sont placés l'un près de l'autre afin de créer un effet de surprise tout en exacerbant le sens de l'un et de l'autre et en créant une troisième image au-delà des termes eux-mêmes, on parle alors d'oxymore ou d'oxymoron (c'est une variété d'antithèse).

*Cette **obscure clarté** qui tombe des étoiles / Enfin avec le flux nous fait voir trente voiles* (Corneille).

Antonomase

Vous dites de votre meilleur ami (en son absence…) : *Il a encore refusé de me donner de l'argent pour aller au casino ! C'est un avare, un grippe-sou, c'est un véritable harpagon !* Savez-vous qu'en utilisant comme nom commun le nom propre Harpagon – ainsi s'appelle l'avare dans la pièce de Molière, *L'Avare*… – vous venez de faire une antonomase ? Et vous en faites plus souvent que vous ne le pensez ! Vous roulez en **diesel**, vous consommez des **watts**, des **ampères**, vous trouvez que votre voisin est un **tartuffe**, vous apercevez sa **silhouette** dans de louches lieux (où vous vous trouvez forcément aussi…).

Antonomase et silhouette

Étienne de Silhouette (1709-1767) fut contrôleur général des finances de Louis XV ; il voulut diminuer les pensions des nobles, créer l'impôt sur le revenu pour tout le monde ; les nobles ulcérés de tant d'injustice à leur égard (!) le firent chasser en quelques mois ! Voilà pourquoi on appelle un profil à peine aperçu une silhouette, en souvenir de monsieur de Silhouette, à peine entré dans l'Histoire !

Homéotéleute

Drôle de mot, homéotéleute, mais ne vous y fiez pas, il désigne un phénomène très simple, un procédé très facile à utiliser : il s'agit de mettre dans votre phrase le plus possible de mots se terminant par la même sonorité. L'ensemble doit produire suffisamment d'effet pour emporter l'adhésion de votre interlocuteur, même si l'idée est discutable.

Avec mes fleurs artificielles en plastique et en soie, que de couleurs, que de faveurs, que de ferveur de qui vous les offre, que de douceur pour qui les reçoit, mes fleurs, avant l'heure, c'est déjà le bonheur !

Paronomase

Utiliser dans une phrase des mots qui se ressemblent, qui possèdent en commun plusieurs lettres, une ou plusieurs sonorités – les paronymes – c'est utiliser la paronomase. L'objectif est donner à l'idée qu'on exprime un supplément de sens par une forme d'insistance sonore. Voici des exemples de paronymes : *collision* et *collusion* ; *livres* et *lèvres* ; *mouroir* et *miroir*, etc.

Dans ce mouroir, chacun voit son miroir.

*En vivant et en voyant les hommes, il faut que le cœur se **brise** ou se **bronze*** (Chamfort).

*Le ridicule **déshonore** plus que le **déshonneur*** (La Rochefoucauld).

Périphrase

Lorsqu'on ne veut pas désigner directement un objet, une situation, une façon d'être, de penser, on les contourne par plusieurs mots dont l'ensemble fournit une équivalence suffisamment claire pour qu'il n'y ait pas d'ambiguïté. Le nom de certaines professions, jugées à tort porteuses d'une image insuffisamment valorisante, est masqué par une périphrase souvent elle-même masquée par un sigle : un *OEVP* est un *ouvrier d'entretien de la voie publique* (un cantonnier) ; un *PPC* est un *préparateur en produits carnés* (un boucher) ; on ne dit plus *balayeur* mais *technicien de surface* ; on ne parle plus de *représentants de commerce* mais *d'ingénieurs commerciaux*.

Prétérition

La prétérition consiste à annoncer qu'on ne parlera pas de ce dont justement on parle : *Je me garderai bien de vous dire que madame Angélique est allée retrouver monsieur Clitandre pendant que vous, Monsieur, faisiez la sieste !*

On peut aussi user de formules qui affirment le contraire de ce qu'elles annoncent : *Ce n'est pas pour vous décourager d'entreprendre le vol Paris-New York, mais il faut que vous sachiez que cet ULM bat de l'aile !*

Prosopopée

La prosopopée consiste à faire parler un objet, un absent, un être disparu, etc. Elle est fréquemment utilisée dans les dessins animés, les contes pour enfants ou grandes personnes. Ainsi, dans *Le Petit Prince* d'Antoine de Saint-Exupéry (1900-1944), la rose, le renard, le serpent prennent la parole.

Masculin ou féminin ?

Masculin	Féminin
abaque	abside
abîme	absinthe
abysse	acné
acabit	acoustique
acronyme	acre
acrostiche	acropole
adage	aérogare
aérolithe	affres
aéronef	alcôve
agrumes	algèbre
alambic	alluvion
albâtre	amibe
alvéole	amnistie
ambre	anagramme
amiante	ancre

Masculin (suite)	**Féminin (suite)**
anathème	anicroche
anévrisme	antichambre
animalcule	apostille
anthracite	appoggiature
antidote	arabesque
antipode	argile
antre	arrhes
apanage	atmosphère
aphte	autoroute
apogée	autostrade
apologue	avant-scène
appendice	azalée
après-dîner	bakélite
après-midi	bésicles
arcane	bisque
armistice	campanule
aromate	câpre
arpège	caténaire
asphalte	chausse-trape
asphodèle	chlamyde
astérisque	clepsydre
asthme	conteste
astragale	coquecigrue
augure	dartre
automne	décalcomanie
balustre	drachme

Masculin (suite)	**Féminin** (suite)
bulbe	ébène
campanile	ébonite
capitule	écarlate
cathéter	ecchymose
chrysanthème	échappatoire
codicille	écharde
colchique	écrevisse
décombres	écritoire
éclair	effarvatte
édicule	égide
edelweiss	encaustique
effluve	enclume
élastique	entrecôte
ellébore	enzyme
éloge	éphéméride
élytre	épigramme
emblème	épigraphe
empyrée	épistaxis
en-tête	épitaphe
entracte	épithète
épeautre	épître
éphémère	équerre
épithalame	équivoque
épiderme	escarre
équinoxe	estafette
ergastule	estompe

Masculin (suite)	Féminin (suite)
érésipèle	farlouse
esclandre	ficaire
escompte	frangipane
exergue	gemme
exode	glaire
exorde	gonade
falbala	hécatombe
fastes	H.L.M.
fuchsia	hydre
girofle	hypallage
globule	icône
granule	idole
haltère	idylle
harmonique	immondice
héliotrope	impasse
hémisphère	imposte
hémistiche	interview
hiéroglyphe	lingue
holocauste	logorrhée
horaire	mandibule
hyménée	matricaire
hypogée	météorite
insigne	mezzanine
intermède	montgolfière
interrogatoire	moustiquaire
interstice	nacre

Masculin (suite)	**Féminin (suite)**
intervalle	oasis
isthme	obsèques
ivoire	ocre
jade	octave
jujube	odalisque
jute	omoplate
libelle	opale
lignite	optique
limbe	orbite
mânes	oriflamme
manipule	patenôtre
météore	patère
millefeuille	piastre
obélisque	phalène
opercule	planaire
opprobre	prémices
opuscule	prémisse
orbe	primevère
orifice	réglisse
ovale	scolopendre
ovule	scorsonère
pétale	sépiole
planisphère	spore
pore	stalactite
poulpe	stalagmite
quinconce	ténèbres

Masculin (suite)	**Féminin (suite)**
rutabaga	topaze
schiste	urticaire
sépale	vêpres
sesterce	vésicule
sévices	vicomté
tentacule	virago
termite	vis
trille	volte-face
trope	yeshiva
tubercule	yourte
tulle	
uretère	
urètre	
viscère	
vivres	

Du même auteur :

Publiés aux éditions First :

L'Histoire de France pour les Nuls, éditions First, 2004

Le Petit Livre de la grammaire facile, éditions First, 2004

Le Petit Livre de la conjugaison correcte, éditions First, 2002

Le français correct pour les Nuls, éditions First, 2001

Le Petit Livre des tests du français correct, éditions First, 2001

Mon enfant est à l'école primaire. Je le soutiens efficacement, (en collaboration avec Claudine Julaud), « Réussir en équipe », éditions First, 1999

Mon enfant est au collège. Je le soutiens efficacement, (en collaboration avec Claudine Julaud), « Réussir en équipe », éditions First, 1999

À paraître :

La Littérature pour les Nuls, éditions First, 2005

Publiés chez d'autres éditeurs :

Café grec – Roman, Le Cherche Midi éditeur, 2003

Tu feras l'X – Roman, Liv'éditions, 2001

Ça ne va pas ? Manuel de poésiethérapie, Le Cherche Midi éditeur, 2001

Mort d'un kiosquier – Récits, éditions Critérion, 1994

Pour mieux dire « Peut mieux faire » – Guide pratique à l'usage des enseignants, éditions François Chapel, 1986,

La Nuit étoilée – Nouvelles, Corps 9 éditions, 1984

Le Sang des choses – Contes et nouvelles, Corps 9 éditions, 1983